2019
대담한
부동산
대예측

2019
대담한
부동산
대예측

초판 1쇄 발행 | 2019년 1월 25일
초판 2쇄 발행 | 2019년 2월 01일

지은이 | 안민석
펴낸이 | 박영욱
펴낸곳 | 북오션

편　　집 | 허현자 · 이상모
마케팅 | 최석진
디자인 | 서정희 · 민영선

주　　소 | 서울시 마포구 월드컵로 14길 62
이메일 | bookocean@naver.com
네이버포스트 | m.post.naver.com('북오션' 검색)
전　　화 | 편집문의: 02-325-9172　　영업문의: 02-322-6709
팩　　스 | 02-3143-3964

출판신고번호 | 제313-2007-000197호

ISBN 978-89-6799-448-8 (03320)

정부 정책은 절대로 시장을 이길 수 없다

2019
대담한
부동산
대예측

안민석 지음

북오션
콘텐츠그룹

지은이의 말

　이번 정부가 규제 일변도의 부동산 정책·대책을 무차별적으로 쏟아내는 가운데에도 주택 가격은 지난 2년간 큰 상승세를 그려 왔다. 너무 많이 오른 피로감 때문인지 2018년 10~11월은 상대적으로 조용하게 느껴진다.

　문제는 언론이다. 그리고 속칭 부동산 전문가라 불리는 사람들의 '입방정'이다. 주간 시황이니 뭐니 해서 부동산 시장을 주간 단위로 포장해 존재하지도 않는 위기론을 퍼뜨린다거나, 부동산 대책만 발표되면 무조건 집값이 잡히고 하락세로 돌아설 것이라고 전망하거나, 지방 부동산 시장이 붕괴되고 금리 인상 여파로 2019

년 주택 거래 절벽 현상이 올 수 있다고 하는 이들도 있다.

　사실 주간 시황도 전혀 유의미한 통계가 아니다. 미국 등 선진국에는 아예 없는 지표다. 게다가 상승폭 혹은 하락폭도 일주일 사이에 겨우 0.01퍼센트포인트 올랐다 내렸다 하는 것을 가지고 긍정, 혹은 부정적인 결론을 도출하고 이를 통해 향후 흐름을 예측하는 게 과연 얼마나 신뢰할 만한 정보 생산 시스템일까?

　필자가 지난해 펴낸 《2018 부동산 대예측》은 2018년 부동산 시장이 정부 정책의 압박에도 오히려 큰 폭의 오름세를 보일 것이라는 주장이 담긴 책이었다. 이 책이 나온 2017년 하반기는 문재인 정부가 2~3개월이 멀다 하고 부동산 대책을 발표하면서 다주택자들과 고액 주택 보유자들을 압박하고, 신규 분양 시장도 강하게 통제했으며, 집값이 오르는 지역을 설정해 규제 폭탄을 막 투하하던 때였다.

　이때 나를 제외한 절대 다수의 부동산 애널리스트와 소위 전문가들이 '2018년 부동산 시장은 보합세 내지 약세가 예상된다', '주택 구입 시기를 미뤄야 한다', '관망세 혹은 숨고르기가 길어질 거다'라며 잔뜩 움츠러든 전망을 내놓았다. 사실 이 사람들은 7~8년 전만 하더라도 '정부의 부동산 기조와 상관없이 무조건 집값은 오른다', '빚을 내서 집을 사라'고 호들갑을 떨던 이들이다.

결과적으로 보면 그 사람들이 내놓은 전망은 매년 틀렸다. 그런 사람들이 전문가라며 이름을 내놓고 활동하는 게 나는 솔직히 몹시 못마땅하다. 나는 2018년 '부동산 시장이 활황세를 보일 것'이며 '서울 집값은 걷잡을 수 없이 올라버릴 것'이라고 용감하게 예측했고 실제 2018년 서울 집값은 8퍼센트 이상 상승했다. 수도권 1기 신도시가 기지개를 폈고 지방 광역시 아파트도 정신없이 올랐다.

나는 《2019 대담한 부동산 대예측》을 통해 내년에도 풍부한 유동성, 숨고르기 시장, 해외 주요국의 멈출 줄 모르는 부동산 상승세, 수요에 비해 턱없이 부족한 서울과 세종, 부산의 주택 공급, 빠른 월세 전환으로 희귀할 만큼 희귀해진 전세 물량과 이로 인한 주택 수요의 재증가, 도심 토지 비용과 건축 단가의 상승으로 오를 수밖에 없는 신규 주택 분양 가격, 주택 총공급을 앞서는 가구수와 인구 증가 등 집값 상승 요인이 충분하기에 '정부 정책에 상관없이 주택 시장이 상승 곡선을 그릴 것'이라는 주장을 현실적으로 입증해보려 한다.

매년 발간되는 많은 부동산 예측서를 보면 처음 두세 장은 시중에 나와 있는 집값 통계 몇 개를 갖다 붙여 놓고 그 해의 부동산이 오르고 내릴 가능성을 짚어준다. 그리고 뒤로 가면 갈수록 시장 예측과 동떨어진 유망 지역 추천이나 새로 바뀌는 제도 소개에 대부분을 할

애하는 것을 볼 수 있었다. 예측서라기보다 부동산 칼럼과 국토부 보도 자료를 섞어 놓은 느낌이 강했다. 자신 있게 특정 시점의 시장 흐름과 그 원인을 전망하고 느낌표를 붙여 강하게 주장하는 책은 거의 본 적이 없다. 《2019 대담한 부동산 대예측》은 속 시원하게 내년 집값이 어떻게 될지 알려주는 책이다.

《2018 부동산 대예측》이 결과적으로 적중하면서 좋은 반응을 얻었다고 하지만 복잡한 통계와 전문 용어가 많아 읽기 어려웠다는 얘기를 뜻밖에도 많이 들었다. 따라서 이번에는 수치 자료를 많이 줄이고 가능하면 쉽게 이해할 수 있도록 내용을 정리했다. 부동산에 관심은 많지만 이론을 접해볼 기회가 많지 않았던 20~30대, 주부, 직장인도 내용을 이해하는 데 어려움이 없을 것이라 생각한다.

자료는 조작할 수 있다. 개인적으로 최근 집값 하락의 전조라며 쏟아지고 있는 0.01퍼센트 어쩌고 하는 시황 통계는 정부의 입맛에 맞는 자료만 보여주는 것이라고 본다. 8퍼센트 이상 오른 집값이 2주 동안 0.03퍼센트 떨어졌는데 이게 본격적인 부동산 하락의 신호라니, 부동산 수요자 전체를 바보로 알고 있는 것이 분명하다.

이 책을 통해 온갖 해석이 난무하는 자료를 잘 가려내 정확한 정보만 자기 것으로 만드는 법과 시장의 모멘텀, 수요와 공급의 접점을 찾는 일, 언론 기사의 포장이나 과장에 현혹되지 않는 요령을

잘 터득하길 바란다. 지금 스타 강사, 은행이나 증권가 애널리스트들, 정보업체 관계자 중 소신 있게 바른 소리 하는 사람이 거의 없다. 다 정권의 나팔수나 소속된 회사의 이해관계를 이행하는 사람에 불과하다.

나는 이 책에서 여러 부동산 연구 단체나 기관, 경제연구소에서 늘상 발표하는 식으로 2019년 주택 가격 상승률 혹은 하락률 얼마, 주택 거래량은 몇 건, 전세 상승률은 몇 퍼센트 하는 식으로 수치까지 구체적으로 명시하지 않았다. 하지만 대세 상승기, 그것도 절정기에 접어드는 2019년에도 2018년과 비슷한 수준의 호황장이 펼쳐질까 봐 두려워하는 정부의 공포탄을 보고서 일희일비해서는 안 되는 이유를 조목조목 기술했다.

2018년처럼, 내가 내놓은 2019년 전망도 틀림없이 적중할 것이다. 정부 정책은 절대 시장을 완전히 제압할 수 없다. 오히려 밀어붙일수록 더 강한 역풍을 맞게 돼 있다. 다른 건 몰라도 이 점 하나만 기억하면 부동산 예측의 반은 깨달았다고 보면 된다.

chapter 01
2019 주택 시장 총전망

chapter 02
2019년 아파트 시장 총전망

chapter 03
2019년 수익형 부동산 시장 총전망

chapter 04
문재인 정부의 부동산 정책 기조와
2019년 흐름은?

chapter 05
규제 일변도의 시장에서
어떤 부동산이 살아남을까?

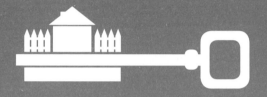

1
chapter

2019 주택시장
총전망

2018년 부동산 시장
총평

- 정부의 8.27·9.13 대책이 전부였던 2018년
- 정책만으로 집값을 잡을 수 없다

　기록적인 한파가 찾아온 2018년 초, 부동산 시장은 서울 집값의 만만치 않은 상승세 때문에 의외의 열기를 뿜어내고 있었다. 규제 일변도의 부동산 정책이 연이어 발표되었음에도 상반기 내내 서울 및 수도권의 부동산 가격은 멈출 줄 모르는 오름세를 보였다. 한국 감정원 조사 결과 2018년 11월 현재 서울 아파트 가격은 1월에 비해 8.16퍼센트포인트 오른 상태다.

　경기를 부양하겠다고 각종 규제를 대거 풀면서 2014년부터 시중에 유동성이 과잉됐고, 저금리마저 고착화 단계에 접어들자 갈 곳 없는 가계 자산이 부동산에 몰릴 수밖에 없는 환경이 됐다. 그에 더해 시장에 경고 메시지를 던지면 지레 위축될 것이라 생각한 문재인 정부의 의도와 달리 강남을 비롯한 서울 주요 지역의 집값이 오히려 더 오를 기미를 보이자, 이제 뭘 해도 통하지 않는다는 인식이 확산됐다. 그에 따라 다음 대선까지만 버티자는 식의 정책 무용론이 고개를 들었다.

집값이라는 용어를 자주 사용하면 할수록 정부는 집값이 또 '오르는구나' 또는 '오르겠구나'라고 해석하며 규제를 늘린다. 정부가 규제책을 발표하면 집값이 크게 오른다는 말이 생각보다 정확한 시장 판단이라는 웃지 못할 만담도 심심치 않게 들려온다.

규제에도 여전히 많이 오른 부동산 가격

그런데도 여전히 곳곳에서 내년 부동산 시장을 보합세 내지는 전반적인 하락까지 점치는 주장이 나오는 이유는 정책 효과로 시장이 반응한다기보다 언론과 일부 부동산 정보기관, 자칭 전문가라 불리는 이들의 장난질이 무척 심하기 때문이란 게 내 판단이다. 사실 대부분의 사설 통계 기관이나 그런 곳에서 활동하는 애널리스트들은 언젠가부터 정부 기조를 그대로 앵무새처럼 낭독하는 역할 이상을 하지 못하고 있다.

보수 정부 시절에는 입만 열면 '집값이 오르고 있다', '대출 받아서 집을 사라'며 막연한 집값 상승론을 떠들더니 정권이 바뀌니까 이제는 부동산 시장이 안정되고 가격 상승폭이 점차 떨어질 것이라며 신중하라고 입을 모은다. 0.01퍼센트포인트 단위로 움직이는 주간 시황을 들이밀면서 그 정도만 오르든지 내리든지 해도 정부 정책이 작용해서라고, 꿈보다 해몽을 중시하는 어설픈 행태를 보이고 있다.

일시적 안정 후 급등 되풀이

하지만 이 점을 반드시 기억해야 한다. 지난 30여 년간 부동산 시장은 정부 대책이 발표되면 일시적으로 안정됐다가 다시 큰 폭으로 불안정해지는 양상을 되풀이해왔다. 대부분 정부의 잘못된 정책 자체가 가격 상승을 불러왔다. 이는 세계적으로 주요 도시에서 발생하는 집값 상승 현상을 한국에서는 절대 일어나지 말아야 하는 일로 규정짓고 강제적으로 틀어막으려는 시도 자체가 처음부터 의미 없는 일이라는 걸 깨닫지 못한 탓이다.

규제 정책이 발표되면 늘 잠시 동안 숨고르기를 거친 뒤 더 가파른 상승으로 이어져 왔다. 그런데 언론이나 일부 업계 종사자가 그 잠깐의 숨고르기 시간을 참지 못하고 곧 정부 정책 효과로 시장이 어려움을 겪을 것이라며 호도하는 바람에 은연중에 매수 심리를 떨어뜨리기 일쑤다. 어느덧 2018년 한 해도 12월을 넘어가고 있다. 8·27 대책과 9·13 대책에 사실상 마지막 카드나 다름없던 대출 목조르기와 종부세 인상까지 담아냈다. 예상대로 방송과 언론은 시장 상승세가 주춤하고 있다며 '정책발표 → 시장위축'이라는 맞지도 않는 공식에 무리한 통계를 끼워 넣었다.

지난해 말 나는 《2018 부동산 대예측》이라는 예측서를 내면서 올해 상반기 다소 관망세가 이어지다 하반기에 걷잡을 수 없이 오를 것이라고 내다봤다. 전문가 대다수가 아주 소폭 오르는 선에서 그칠 것으로 전망한 데 비해 나는 큰 폭의 상승을 예상했고, 실제로 서울과 수도권 집값이 많이 올랐으니 내 예상이 가장 근접했다고 본다. 하지만 상반기 중 숨고르기를 하다 하반기에 크게 오른다는 주장은 틀렸음을 인정할 수밖에 없다.

나는 새 정부의 부동산 대책이 2018년 상반기에 집중적으로 쏟아져 나오리라 예상했고 그 후 내성이 생긴 시장이 본격적으로 매수에 집중할 것이라 내다봤지만 생각보다 늦은 8월과 9월에 굵직한 대책이 발표됐다. 그 여파인지 몰라도 10월과 11월 주택 시장은 그리 바삐 움직이는 것 같지 않았다.

문제는 2018년 말 부동산이 급등할 것이라는 내 전망이 약간 늦어질 뿐이라는 것이다. 정책 폭탄 이후 잠깐의 관망세 후 더 많이 오르는 사이클, 즉 9·13 대책 역시 별 볼일 없었다는 인식이 작동하는 시점이 2019년 봄이 될 가능성이 높다. 정부는 2017년과 2018년 투기 억제와 시장 안정이라는 명분을 앞세워 다주택자와 고가 주택 소유자를 힘으로 제압하려 했지만 결과물은 없었다.

시장의 버티기 전략으로 부작용만 커져

부동산 수요자나 주택을 소유하고 있는 사람 중에서 정부의 바람처럼 겁을 먹고 집을 사는 것을 포기하거나 가지고 있는 집을 대부분 매도하는 쪽으로 계획을 바꾼 사람이 얼마나 될까? 대부분 좋은 지역, 좋은 입지에 원하는 집이 공급되면 집을 살 것이고 소유하고 있는 집은 다소 출혈이 있더라도 정책이 바뀔 때를 기다리며 계속 보유하는 쪽을 택할 것이다. 그 사이에 대형 개발 호재나 랜드마크 조성 계획, 인기 재건축 단지 분양 등 일정이 이슈화되면 주택 시장은 다시 달아오를 게 뻔하다.

아무튼 정부는 30만 가구 공급 대책을 발표하며 만성적인 주택 공급 부족이 문제임을 시인했고 금리 인상이 필요하다는 뉘앙스의 발언을 했다. 유동성 과잉 문제도 하나의 원인이라는 것을 사실상 받아들인 것으로 보인다.

2018년 부동산 시장은 우리에게 정부 정책은 한계가 있다는 당연한 진실을 다시 한 번 일깨워 주었다. 겁먹지 말고 하던 대로, 계획대로 집을 사도 좋다는 내 조언은 결과적으로 적절하다. 다만 건잡을 수 없이 서울 집값이 오를 것이라는 예측은 정책 발표 시점 등이 늦어진 탓에 2019년으로 미룰 수밖에 없으므로 이 점은 독자들에게 사과드린다.

정부의 집값 잡기 총력전,
성과물은 있었나?

• 만성적 해결 과제인 주택 공급 해결 방안은 나오지 않았다
• 아무리 큰 대포라도 실탄이 없으면 쏘지 못한다

　노무현 정권 시절 국민경제비서관으로 일하면서 당시 부동산 정책을 설계한 김수현 청와대 정책 실장은 2011년에 출간한 《부동산은 끝났다》에서 부동산 시장을 '하이에나가 우글거리는 정글'로 묘사하며 정부의 적극적 역할을 강조했다. "집은 인권이요, 삶의 자리"여야 하고 "집은 국가가 책임져야 한다"고도 했다.

　최근 종부세나 대출 강화 등 극단에 가까운 부동산 규제 정책은 사실상 김 수석의 머리에서 나온 것으로 업계는 보고 있다. 집값을 자율 기능에 맡기는 게 아니라 철저하게 통제하고 제어해야 한다는 기조에는 변함이 없는 사람이다. 사실 이런 생각은 현 정권의

9·13대책 중 주택 관련 제도

구분	대책	세부 내용
청약 제도	주택 청약의 공공성 강화	· 공공기관인 한국감정원이 청약 시스템 운영 · 불법 당첨자, 부적격 당첨자 등 관리
	부정 청약 처벌 강화	· 부정 청약으로 얻은 이익의 3배를 벌금으로 부과 · 부정 청약 조사 기간 중 분양권 전매 제한 강화 · 부정 청약 계약 취소 의무화
분양 제도	편법 무주택 청약 방지	· 청약 당첨 후 입주 전에 분양권 팔아 무주택자 자격 유지하는 경우 많아 · 청약 당첨 후 계약만 해도 '유주택자' 지정
	추첨 제도 무주택자 우대	· 가점제가 아닌 추첨으로 당첨자 선정 시 무주택자→유주택자 순으로 하도록 의무화
기존 주택 시장	호가 담합 처벌	· 집주인, 중개업자의 집값 담합 처벌 명문화
	실거래 신고 기간 단축	· 주택 거래 뒤 30일 이내 신고(현행 60일 이내)
	실거래 취소 시 신고 의무화 ('자전 거래' 방지)	· 부동산 계약 취소되더라도 신고하도록 해 허위 가격 근절

자료: 국토교통부

정치색과 깊은 관련이 있기 때문에 앞으로도 한동안은 규제 정책이 이어질 것이 분명하다.

'하늘이 두 쪽 나도 부동산 가격을 잡겠다'고 임기 중 17번의 대책을 발표했음에도 강남 집값이 60퍼센트 이상 오르며 처참하게 실패한 노무현 정부 시절을 돌이켜 보면 이게 얼마나 위험한 발상인지 삼척동자도 알 수 있다. 최근 실수요자는 하나같이 서울 집값이 문재인 정부 들어 두 배 가까이 오른 것 같다고 입을 모아 말한다. 한국은행 경제통계 시스템에 따르면 2018년 1월부터 10월까지 서울 집값은 8.2퍼센트나 올랐다.

일부 언론이 지방 부동산 시장이 약세라는 상황을 부각하고 있지만 오히려 대구와 대전, 전남 광주 등 상당수 지방 도시는 2018년 들어서도 주택 가격이 많이 올랐다.

사정이 이러니 9월 21일, 정부는 주택 공급 대책을 내놨다. 서울 집값을 잡으려는 목적의 '3기 신도시' 건설이 핵심이다. 국토교통부는 서울과 일산, 분당 등 1기 신도시에 330만 제곱미터(100만 평) 규모의 공공택지 4~5곳을 조성한다고 발표했다. 공급물량은 총 20만 가구다. 정부의 총공급 30만 가구의 3분의 2를 차지하는 규모다.

서울과 수도권의 집값이 잡히지 않는 이유가 만성적인 공급 부족에서 기인한 것임을 인정한 것이다. 그러나 그린벨트 등을 풀어 아무리 급하게 추진해도 대부분의 구역에서 입주까지 5년, 제대로 된 주거 환경 조성까지 7~8년이 걸린다. 특히 공급 문제가 심각한 서울에 공급될 물량이 1만 가구에 불과하고 그마저도 성동구치소

부지, 개포동 재건마을 등 지역 반발이 심한 지역이라 사업 속도를 장담하기 어려운 실정이다.

연이은 정책 폭탄, 시장 파급력은 없었다

아무튼 시장 파급력이 커 보이는 대책이 연달아 나왔는데 이제 나올 게 거의 다 나왔다는 분위기다. 종합부동산세 인상은 3주택 이상 보유자에게 부담을 주는 수준이고 대출 규제도 강남권 등 고가 주택 시장에서는 별다른 효용이 없다.

이낙연 국무총리와 김현미 국토교통부 장관은 금리 인상이 필요하다는 언급을 하기도 했다. 풍부한 시중 유동성이 주택 가격 상승의 근본적 원인이라는 지적이다. 그러나 유동성 확대는 국내만의 문제가 아니다. 이제 와서 '금리'를 언급하는 것 자체가 정책의 한계점이 왔다는 이야기이기도 하다.

대출 받아 아파트 한 채 더 사려는 사람에게 은행권 대출 규제보다는 금리 인상이 더 효과적이고, 보유세 인상이 실효성을 가지려면 양도세 등 거래세 인하를 병행할 필요가 있다. 그러지 않으면 집주인들은 노무현 정권 때처럼 집을 팔면 큰 손해가 나기 때문에 끝까지 쥐고 있으려 할 것이다. 그래서 시장에 매물이 나오지 않아 거래는 감소하지만 가격은 오히려 오르는 현상이 뒤따른다.

정책만으로는 집값을 잡을 수 없다. 무수히 많은 대책이 발표됐지만 시장은 정책을 비웃었다. 다만 개발 이슈가 잠시 수면 아래로 들어가고 언론이 종부세, 대출 강화 여파로 열기가 꺾일 것이라는 예상을 보도하니 관망하는 수요층이 늘어난 것뿐이다.

일순간의 관망세 이후 더 높은 상승 반복

투기과열지구, 조정지역을 규제하면 규제에서 벗어난 곳으로 다시 돈이 모이는 게 지금의 부동산 시장이다. 서울 시장이 용산, 여의도 개발을 언급하자 잠깐이긴 했지만 일대 아파트 값이 하루에 5000만 원에서 1억 원씩 오른 것을 보니 숨죽이던 용암 분출이 코앞까지 온 듯해서 아찔하다. 초등학생이 키가 크고 덩치가 커지면 큰 옷을 사서 입혀야 하는데 옷은 사주지 않고 키가 크지 못하게 누르고 작은 옷만 억지로 끼워 입히는 꼴이다.

부동산 정책이 발표될 때마다 잠깐 가격 상승이 멈췄다가 곧 더 큰 폭으로 올라버리는 일이 반복되고 있다. 목표물을 전혀 못 맞추는 요란한 대포도 이제는 장전할 대포알이 다 떨어져 가는 모양이다.

이미 폭발 준비를 마친 시장은 이제 곧 카운트다운에 들어갈 것이다. 수요가 많은 곳에 공급을 늘려야 한다. 그런데 집이 부족한 서울에 유일하게 집을 많이 공급할 수 있는 수단인 재개발과 재건축에 대한 규제가 오히려 늘어났다. 비탄력적인 공급 구조일 수밖에 없는 주요 도시에서 중장기적으로 공급을 어렵게 하는 정책만 연발하고 있다. 이러면 서울 집값이 오를 수밖에 없다. 정부의 집값 잡기 총력전은 실패로 돌아갔다.

강남 집값
어떻게 될까?

• 시중 유동 자금이 가장 선호하는 투자처
• 부동산 시장 선행 지표

2017년과 2018년에도 서울 강남권 집값은 참 많이 올랐다. 굳이 통계를 보지 않더라도 강남권 아파트 시세가 어지간한 건 3억 원에서 5억 원쯤 올랐다는 걸 체감할 수 있다. 서울 아파트 가격이 대체로 올랐지만, 특히 강남은 정부의 각종 규제에도 크게 요동치지 않았고 오히려 승승장구하고 있다. 사실 강남 집값은 오랫동안 10년 주기로 계단식으로 상승하면서 불패신화를 이어 왔다.

강남 부동산 가격을 제어할 수 없는 이유는 한두 가지가 아니다. 교통, 학군, 직장, 상권 등 주거 조건이 완벽하고 고소득층의 선호도가 높아 사회적 신분을 나타내는 수단이기도 하다. 살기 좋고 인기 많은 지역의 집값이 높은 건 당연하지 않은가?

거기에 삼성동 현대차 부지 개발, GTX 개통 등 산업개발적 호재들도 있다.

그런데 그것만으로 강남 부동산의 끝없는 상승을 설명할 수 없다. 강남 부동산은 갈 곳 없는 유동 자산이 가장 선호하는 투자처다. 리스크는 적고 투자 이익은 크며 환금성도 뛰어나다. 다주택자를 강하게 압박하자 오히려 가장 가치가 높은 부동산 한 채만 남기고 팔자는 소위 '똑똑한 한 채' 전략이 등장해 강남 아파트의 인기를 더 높이고 있다.

똑똑한 한 채 전략으로 가치 더 높아져

'강남' 하면 떠오르는 게 재건축 시장이다. 재건축 초과이익 환수제가 시행됐고 종부세 인상도 논의 중에 있지만 그런 것을 감안하고도, 그 이상의 프리미엄을 주는 로또 분양 단지가 즐비하다. 시장이 조용해질 만하면 로또 청약 소식이 들린다. 떠들썩한 분위기가 눈과 귀를 어지럽히고 언론과 방송은 15억~20억 원 하는 아파트가 날개 돋친 듯 팔려나가고 있으며 당첨된 사람이 챙긴 차익이 얼마라고 상세히 보도한다.

가장 중요한 것은 강남권 주택 시장은 심각한 공급 부족에 직면해 있다는 점이다. 사려는 사람에게는 높은 장벽이지만 이미 소유한 사람에게는 너무나 행복하고 아늑한 장벽이다. 송파, 위례, 과천, 판교 등 준강남권 부촌이 있지만 이를 모두 합쳐도 여전히 대한민국 부자의 욕구에 비해 강남 주택수는 모자라다. 신규 수요가 넘쳐나는데 신규 공급은 너무나 부족하기 때문이다.

강남 집값이 오르면 서울 집값이 오르고 서울 집값이 오르면 수도권과 지방이 오른다. 물론 따라 오르지 않는 지역이 있고, 천천히 오르는 등 지역별 편차가 있다. 하지만 일단 강남에서 온기류가 흐르면 부동산 수요자는 꼭 강남이 아니더라도 이제 집을 사야 할 때라는 걸 안다. 강남이 많이 오를 때 정부는 규제책을 내놓는데 그마저도 훌륭하게 극복하는 걸 보면 '역시 정책은 시장을 이길 수 없어'라는 말이 맞는 듯하다.

물론 강남 아파트도 가격이 떨어지는 경우가 있다. 국가 재난 수준의 금융 위기가 닥치면, 심각한 경제 충격파가 부동산 시장이라고 비켜갈 리 없다. 하지만 그런 일은 자주 발생하지 않으며 얼마 안 있어 떨어진 만큼보다 더 큰 반등이 생기고 하락장세에 매수한 사람은 더 많은 차익을 챙긴다.

2019년 강남 주택 시장이 어떨지 개인적으로 묻는 PB고객이 정말 많다. 작년 이맘때에도 그랬다. "문재인 정부가 강남을 죽이려고 하는데 괜찮겠어요?" 하고들 물었다. 나는 "괜찮아요. 아무리

눌러도 안 내려간다는 걸 아는 순간 자산가들은 대놓고 부동산 수집에 나설 겁니다. 정부가 규제할 때 한두 달의 관망세가 꼭 있는데 바로 그때 사세요"라고 대답했다.

강남 옥죌 카드 다 나왔다

올해는 어떨까? 대출 규제와 종부세 인상, 초과이익환수, 분양가 통제 등 강남을 옥죌 수 있는 카드는 거의 다 나왔다. 강남에 주택 10만 호를 1년 내로 지을 수 있으면 시장을 어느 정도 안정시킬 수 있다. 그게 유일한 방법이겠지만 꿈에서나 나올 얘기다. 내가 내릴 수 있는 답은 작년이나 올해나 똑같다. 청담동, 압구정동 아파트가 7억~8억 원씩 올랐다가 9·13 이후 몇 천만 원 떨어졌는데 본격적으로 떨어진다느니 강남 부동산 하락 현실화라느니 별의별 기사가 다 보인다.

정책입안자들은 늘 투기 세력이 판을 쳐서 가격이 오른다고 말해왔다. 그런데 그게 아니다. 가격이 오르는 성질 때문에 거기에 투기 세력이 몰리는 것이다. 전국의 갈 곳 없는 돈이 다 강남 아파트에 몰리는 판에 무엇으로 그걸 잡을 수 있을까?

2019년 상반기에 재건축의 본산이라 할 수 있는 개포, 반포에서 일반 분양되는 단지가 뚜껑을 여는 순간 강남은 또 시끄러워질 것이다. 사실 이 장의 제목인 '강남 집값 어떻게 될까?'는 너무나 바보 같은 질문이다. 강남은 뉴욕, 도쿄, 홍콩, 런던 못지않은 수준까지 가격이 올라야 한다. 그리고 오를 것이다.

서울 집값
어떻게 될까?

- 2018년에도 많이 오른 서울 주택 가격
- 2019년 1, 2월부터 상승세 다시 시작한다

　이 책에서 여러 번 언급했듯이 서울은 주택 공급이 부족해 부동산 가격 상승이 길게 이어지고 있는데 많은 경우 특정한 호재나 정책 방향이 집값 상승의 견인차 역할을 해왔다. 주택 가격, 특히 서울 아파트 값을 잡는 데 혈안이 된 정책 당국의 노력을 무색하게 하는 7월 서울 시장의 '여의도·용산 통합 개발' 발언은 압권이었다. 이후 용산과 여의도는 한동안 자고 나면 수천만 원에서 1억 원이 오르는 급등 양상을 보였다.

　현재의 서울 주택 시장은 여전히 강하게 뛰어오르려는 상방 성격을 띠고 있다. 잠시 숨죽였다가 많이 오르고 잠시 숨죽였다가 많이 오르고를 반복한다.

서울에는 집을 지을 땅이 마땅치 않다. 그나마 있는 집을 헐고 더 많이 지을 수 있는 재개발, 재건축 사업은 각종 규제 탓에 사업 추진 속도가 많이 떨어져 있다. 서울 도심에 집중적인 공급 대책을 펴야 집값을 잡을 텐데 그 자체가 불가능한 상황이다.

집값의 고평가 혹은 저평가를 직관적으로 보여주는 소득대비주택가격비율(PIR)을 보면 한국감정원 통계 기준으로 2012년 서울 지역은 10배 수준이다. 연간 소득이 1000만 원이라면 주택가격은 1억 원이라는 뜻이다. 같은 시기 전국 PIR은 약 5배다. 서울 주택가격

2012~2018 서울: 전국 PIR(소득 대비 주택가격비율) 통계 　　　　자료 : 한국감정원

이 지방의 두 배 수준이다. 2018년 3월 기준 서울의 PIR은 12.1배로 전국(5.7배) 주택가격의 두 배를 웃돈다. 서울과 전국의 주택가격 격차는 좁혀지기는커녕 매년 커지고 있다.

이렇게 되면 억지로 잡으려 하지 말고 안정적으로 관리하는 게 맞다. 서울에서 멀지 않은 곳에 큰 규모의 택지지구나 신도시를 만들고, 서민 주거 복지를 확충하고, 거래세를 낮춰 매도 의욕을 높이는 정도로 정책 한계선을 만들어도 된다. 그런데 이번 정부 들어 보유세 인상과 대출 제한 등 강력한 수요 억제 정책으로 서울 집값을 통제하려 했고 이게 수요 심리와 정면 대결을 펼쳤다.

수급 불균형과 정책 실기로 안정적 관리 불가능

결과는 역시 서울 집값이 큰 폭으로 상승한 것으로 나타났다. 한국감정원 자료를 보면 2018년 들어 서울 아파트 값은 6.83퍼센트포인트나 올랐다. 가격을 상승시키는 부동산 시장 자체의 내적 요인은 기본적으로 수요·공급의 불균형이다. 부동산 중에 토지는 근원적으로 공급이 고정돼 있으며, 아파트를 포함한 주택은 공급을 더 늘릴 수 있으나 여타 제조 상품과는 달리 공급하기까지 상당한 시간이 소요되므로 상대적으로 비탄력적이다. 이것은 부동산 이론을 조금만 공부한 사람이라면 누구나 알고 있는 사실이다.

이사철 등 일시적인 수요 증가 요인을 고려하면 대도시인 서울의 주택 보급률은 110퍼센트 가까이 되는 것이 적절하다. 그런데 현재 주택 보급률은 96퍼센트밖에 되지 않는다. 그런데도 국토부는 서울 아파트 공급이 부족하다는 명백한 사실을 숨기려다 사태를 키우고 있다.

도시 과밀화, 인구 집중, 토지비와 건설비용 상승, 자유로운 공급 불가라는 현실적 조건 탓에 전 세계 주요 국가의 수도는 동일하게 부동산 폭등 현상을 겪고 있다.

서울은 지금 수요가 공급을 많이 앞지르고 있다. 또 모든 경제 기능과 기업체, 우수 학교, 인프라가 집중돼 있다. 2020년대 인구 감소가 본격화될 것으로 예상되지만 지금까지는 1~2인 가구가 증가해 주택 수요를 더 늘리는 양상으로 가고 있다. 오피스텔마저도 짓는 대로 족족 분양되고 있다.

새 정부는 서울 부동산 시장을 압박하는 수단으로 규제를 들고 나왔다. 다주택 보유자나 고가 1주택 보유자를 규제함으로써 문제를 해결하려 했다. 그런데 서울은 꿈쩍하지 않았고 경제 사정이 엉망인 일부 지방 도시 부동산만 타격을 입는 결과로 돌아왔다.

인기 분양 단지가 서울 주택 시장 선도할 것

서울은 재개발, 재건축 단지가 많은 만큼 아파트 분양 시장의 분위기를 보면 집값을 예측하는 데 도움이 된다. 현재 많은 단지가 분양가 책정 등의 문제로 일반 분양 시점을 잡지 못하고 있지만 2019년에 분양할 단지 중 노른자위 단지가 아주 많다. 이미 올라버린 매매 가격이 신규 분양 아파트 가격에도 영향을 미치면서 강남권 신규 아파트는 웬만한 단지가 3.3제곱미터당 4000만 원 선을 넘어가고 있고 강북도 2000만 원 이하를 찾기 힘들다.

2019년, 서울 부동산은 1~2월 겨울 이사철부터 주목해야 할 것 같다. 이때 강남권과 그 밖의 지역 모두 상당히 이름값이 묵직한 분양 단지가 청약에 들어가면서 다시 불을 지필 것이다. 워낙 공급이 부족한 탓에 그나마 간간이 공급되는 강북 뉴타운, 재개발 단지

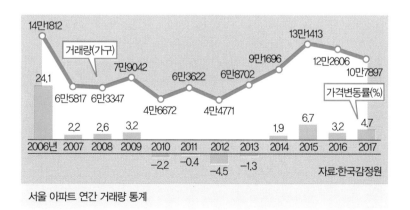

서울 아파트 연간 거래량 통계

들도 꽤 높은 분양 가격으로 책정될 것으로 보인다. 아파트를 분양받기 힘든 계층이 차선으로 택하는 다세대, 다가구 시장도 아파트에 비해 상대적으로 규제가 덜 하다는 점에서 재조명 받을 가능성도 높다.

국내외 경제 상황을 고려해 볼 때 지금은 노무현 정부 시절처럼 서울 집값이 수십 퍼센트씩 오를 것으로 기대하기는 힘들다. 하지만 2018년 상승폭만큼은 2019년에도 오를 거라고 예상할 수 있다. 지금의 관망세는 내리기를 기다리는 관망세가 아니라 오를 때를 기다리는 관망세다.

수도권 집값
어떻게 될까?

- 서울만큼은 아니지만 상승세 이어져
- 교통망이 확대되는 곳의 가치가 올라간다

수도권 주택 시장을 글 몇 줄로 정리하는 건 불가능하다. 수도권을 지역별로 구분하면 준강남권에 해당하는 서울 남부권과 그밖의 수도권 남부 지역, 부천과 인천으로 대표되는 서부 지역, 구리, 하남 등 동부권과 파주, 일산, 의정부 등 북부로 나뉜다.

뿐만 아니라 일산, 분당 등 1기 신도시와 그밖의 1.5~2기 신도시들 그리고 기존의 기타 도시가 신도시와 구도시로 구분된다. 서울과의 지리적 인접성에 따라서도 위성 도시와 외곽 도시가 갈라진다. 각각의 도시를 세분화하면 소규모 신도시나 1만 세대 이하의 택지지구가 그야말로 수를 헤아리기 힘들 정도로 많다. 구도심도 뉴타운이나 재개발 추진 지역이 있고 노후화가 심해지고 있는 밀집 지역이 있어 지역 간 온도차가 천차만별이다.

이처럼 규모, 위치, 부동산 가격, 주거 환경 등이 서로 다른 부분 시장을 형성하면서 개별적인 벨트로 구분돼 있는 수도권을 부동산 시장 예측 차원에서 접근하기는 매우 어렵다. 아마 도시별, 지역별로 하나씩 정리해도 두꺼운 책 한 권으로는 부족할지 모른다. 따라서 깊이 들여다봐야 하는 신도시는 별도의 장에서 자세히 다루기로 하고 이 장에서는 전반적인 흐름과 성장 혹은 침체가 예상되는 지역이 어디인지만 알아보기로 하자.

수도권도 오를 것이다

분명 2019년에도 수도권 중에 부동산 열기가 달아오르는 곳이 있을 것이고 그렇지 못한 곳이 있을 것이다. 수도권 주택 수요층을 어떻게 구분할 수 있을까? 먼저 서울 생활권에 살고 싶은데 여건상 경기도에 살아야 하는 이들이 있다. 또 지역 토착민으로 삶의 터전을 옮기지 않고 특정 지역에 사는 사람들이 있다. 반면 서울 집값을 감당하지 못하고 외곽으로 밀려난 일종의 주거 난민도 있다.

통계청이 발표한 국내 인구이동 통계 자료에 따르면 2018년 들어 1월부터 7월까지 서울에서 타 지역으로 이동한 인구는 58만6754명으로 이전 해 같은 기간보다 2.16퍼센트 증가했다. 특히 경기도로 이동한 인구가 13만6819명으로 가장 많고 인천으로도 1만8036명이 이동했다.

이들이 형성하고 있는 두터운 수요층은 주택 시장 상승기인 2014년 이후 수도권 집값이 18.94퍼센트포인트나 오르는 원동력이 됐다. 언론에서는 주로 서울 집값만 많이 오른 것처럼 보도하지만 수도권 역시 지난 4년 동안 가파르게 상승했다. 다만 서울과 상승률 차이가 벌어져 쫓아가기 버거워지기는 했지만.

그렇다고 수도권을 주택 시장의 2인자로만 평가하는 건 이곳의 부동산 가치를 제대로 보지 못하는 실수가 될 수 있다. 2019년에도 서울 집값은 많이 오를 것이고 수도권도 서울만큼은 힘들겠지만 상당한 수준으로 상승할 것이다. 서울로 들어가고 싶어도 들어갈 돈이 없는 사람에게 선택지는 정해져 있고 거스를 방법이 없다. 차선 중에 최선을 찾는 수밖에 없다.

규제 영향을 안 받는 곳을 찾는다

그래서 지역별로, 부분 시장별로 서울보다 시세는 저렴하지만 향후 상승 가능성이 높은 지역을 찾는 게 주식 투자에서도 흔히 회

자되는 모멘텀 투자라는 것이다. 모멘텀 투자는 그동안 주로 신도시 분양 시장에서 효과가 있었다. 반면 구도심은 원주민에게 얼른 팔고 인근 신도시로, 이를테면 성남 사람들은 판교로, 인천 사람들은 송도로 떠나야 되는 임시 거주지라는 의미가 강했다.

그런데 최근 정부는 수도권의 인기 지역을 투기과열지구로 지정하면서 규제에 들어갔다. 성남시 분당구와 과천, 하남, 광명이 그곳이다. 8·27 대책 여파로 구리, 안양, 광교신도시 등은 기존의 일산, 평촌 등과 함께 조정대상지역에 포함되면서 세제 강화, 대출규제 강화가 적용되기 시작했다. 당연히 수도권의 이름 있는 아파트 밀집 지역이 표적이다.

이렇다 보니 규제 적용을 피해야 하는 사람들, 즉 피난 투자를 해야 하는 사람들은 규제 지역을 비켜간 곳을 눈여겨보는 상황이 되었다. 파주, 용인, 부천, 수원, 의정부 등이 대표적이다. 상대적으로 집값이 덜 올랐거나 청약 열기가 덜했던 곳들이다.

투기과열지구나 조정대상지역이 아닌 지역은 대출 규제나 양도세 중과 같은 정책에 영향을 덜 받는 대신 교통이나 주거 인프라가 상대적으로 열악하다. 따라서 향후 교통망 개선이나 자족 기능 확대 등의 여지가 있는지 따져봐야 한다. 특히 인천과 부천은 상대적으로 주거 환경이 노후화된 곳이 많지만 지하철 등 교통 여건이 좋기 때문에 2019년 이후에도 꾸준한 성장이 예상된다. 광명, 과천이 서울 대접을 받듯이 지리적 여건이 좋은데도 천시되던 인천과 부천은 조만간 서울 아닌 서울이 될 것이다.

교통망 확대에 주목하라

또 한 가지, 수도권 집값을 결정짓는 건 바로 교통망이다. 파주와 김포의 분양 실적이 나빴던 이유는 서울 출퇴근이 힘든데다 자족 기능이 없었기 때문이다. 서울까지 빠른 속도로 올 수 있게 해주는 GTX 개통은 당연히 경기도 사람의 생활을 완전히 바꿔놓을 것이다. 파주 운정, 일산(킨텍스 주변), 동탄2신도시, 송도신도시, 의정부, 남양주는 GTX 착공 시점부터 들썩일 것이다.

반면 규제 지역 내 신규 청약 단지에 무리하게 투자하지 말고 가수요가 몰리는 지역은 조심해야 한다. 현금 1억 원에서 2억 원 들고 전세 끼고 송도나 의정부, 남양주 등지의 아파트에 묻지 마 식으로 투자하는 사람이 많은데 향후 주변 개발이 지연되거나 교통여건이 더디게 갖춰질 경우 리스크가 발생할 수 있다.

서울의 3.3제곱미터당 평균 매매시세는 2685만 원, 경기도는 1305만 원으로 두 배 이상 차이가 난다. 경기도 아파트 두 채를 팔아야 서울 아파트 한 채를 살 수 있고 서울 아파트 하나 살 돈으로 경기도에서 두 채를 살 수 있다. 서울 입성을 포기하는, 혹은 서울에서 밀려난 이들이 계속 늘어나고 수도권에 기업체, 수출 기지, 자족 신도시가 계속 증가하며 GTX 등이 교통망을 개선하면 가격뿐 아니라 부동산 가치 상승 측면에서도 수도권이 더 유리해질 것이다.

지방 집값
어떻게 될까?

- 주택 공급은 충분하지 않다
- 주요 도시 잠재 대기 수요를 주목하라

서울 사람들이 지방 무시하면 지방 사람들은 화를 낸다. 부동산 얘기도 마찬가지다. 요즘 서울 서울 하니까 지방 부동산 무시한다는 얘기를 자주 듣는다. 사실 서울만 오른 게 아니다. 지방에도 부동산 열기가 뜨거운 데가 한두 곳이 아니다. 솔직히 서울과 지방을 비교하며 기사나 칼럼, 책을 쓰는 것 자체도 그리 바람직해 보이지 않는다. 그렇게 이분법으로 나누는 건 서울 본사 사무실에 앉아 편하게 기사 쓰는 기자들이나 하는 짓이다. 다만 통계가 비교적 정확하고 수집이 용이하며 표본이 풍부하다는 이유 때문에 서울과 수도권을 자주 언급하는 것은 나도 어쩔 도리가 없다.

그래서 이 장은 서울과 지방의 부동산 시장을 무리하게 비교하지 않고 우리나라 즉, 서울, 수도권, 지방을 모두 포함한 대한민국 부동산 시장을 예측하는 쪽으로 방향을 잡는 게 맞는 듯하다. 시장의 관심이 지나치게 서울과 수도권에 집중돼 있지만 전 국민의 삶과 관련이 있는 부동산 시장을 특정 지역에 치우쳐 바라보는 게 그리 올바른 일도 아니다. 다만, 관심이 뜨거운 부산, 대구, 광주 등 지방 광역시의 시장 예측은 별도의 장에서 한 번 더 다루는 게 좋겠다.

저금리로 갈 곳 없는 유동 자금이 쏟아져 나온 지 5년 이상이 지났지만 2016년까지 우리나라의 집값은 전국적으로 소비자물가 상승률 정도인 연 3~4퍼센트 정도만 상승했다. 물론 2017~2018년에 그 두 배 가까이 올랐지만. 솔직히 우리나라의 부동산 상승률은 주요 국가와 비교하면 너무 얌전한 수준이고 한국의 부동산 투자자들은 외국에 비해 그리 적극성을 띠지 못하는 상황임이 분명하다.

왜 우리나라 주택 가격은 국지적으로 오르고 한꺼번에 급상승하지 못하는 걸까? 몇 가지 자료를 보기로 하자.

다음 두 자료에서 보듯이 전국적으로 노후 주택은 2000~2010년 587만 가구에서 2010~2020년에는 478만 가구로 줄어들 것으로 예상된다. 특히 공동 주택(아파트)이 노후돼 교체하는 시점은 주택 공급 시장에 중요한 영향을 미친다.

KAB부동산연구원의 '주택 생애 주기를 감안한 필요주택수 자료'에 따르면 우리나라 전체 주택을 조사해본 결과 노후화가 심해 유지 관리가 불가능하고 주택 기능을 상실해 교체가 필요한 노후년은 31년이다. 조사에 따르면 2011년부터 2020년 사이에 주택 생애 주기상 교체가 필요한 주택에 총 478만 가구가 거주하고 있다. 2000년부터 2010년 사이 이에 해당하는 가구는 587만 가구였다. 조금 줄어들기는 했지만 매년 47만~48만 가구가 노후년에 다다른다고 할 수 있다. 공급량이라고 할 수 있는 준공 및 준공 예정 물량을 보면 2011~2016년까지 단 한 번도 47.5만 가구를 초과해본 일이 없다. 2017년 준공 물량이 50만 호 수준이었지만 공급 과잉 논란에 대해서는 크게 걱정할 만한 수준은 아니라고 반론할 충분한 근거가 된다.

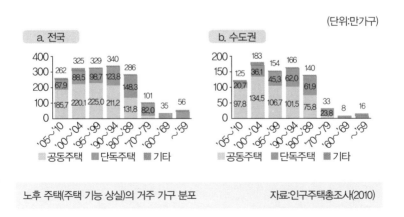

(단위:만가구)

노후 주택(주택 기능 상실)의 거주 가구 분포　　　　자료:인구주택총조사(2010)

주택의 생애 주기상 교체가 필요한 주택 규모 (2011~2020년 사이)

	평균 필요주택수	상한(노후년 31년)	하한(노후년 35년)
전국	39.27	44.99	33.56
서울특별시	8.40	9.86	6.94
부산광역시	3.86	4.41	3.31
대구광역시	1.87	2.18	1.56
인천광역시	1.75	2.07	1.42
광주광역시	1.07	1.24	0.90
대전광역시	0.93	1.09	0.78
울산광역시	0.69	0.80	0.58
경기도	5.44	6.46	4.43
강원도	1.54	1.72	1.36
충청북도	1.26	1.43	1.10
충청남도	1.82	2.00	1.65
전라북도	1.80	1.98	1.62
전라남도	2.47	2.67	2.27
경상북도	2.89	3.18	2.60
경상남도	2.92	3.27	2.57
제주도	0.56	0.63	0.50

(단위: 만 호)

자료: KAB부동산연구원

주택 보급률, 인구당 주택 수에서 주택 공급 부족 확인

또 전체 세대수 가운데 몇 퍼센트가 신규 주택으로 공급되는가를 알려주는 국토교통부와 통계청의 자료에 따르면 2006~2010년 사이에 신규 주택의 비율이 2.3퍼센트였다. 2011~2014년 사이 짧은 조정기에는 1.9퍼센트로 떨어졌고 집값이 본격적으로 오르기 시작한 2015년 이후로도 2.1~2.4퍼센트를 유지하고 있다. 물론 주택 시장은 공사 기간과 수요 전환 시간 등이 있어 필연적으로 시간이 많이 필요한 만큼 단기간의 변화로 주택 수급불균형을 논하는 것은 애초에 무리가 있다. 다만 주택 보급률과 인구당 주택 수만 봐도 아직 주택 공급 자체는 부족한 상황임을 알 수 있다.

또 새로 지은 아파트에 대한 잠재 수요가 지역마다 차이가 있다. 인구 50만 이하의 소도시가 여기에 주로 해당된다. 신규 아파트 대기 수요는 분양 열기를 조성하고 주변 시세 상승에 큰 역할을 한다. 때로는 중국인이 집중적으로 매입해 가격이 급등한 제주처럼 외부적 요인도 작용하는 것이 개별 부동산 시장이다.

부동산 시장은 실물이 움직여 만들어진다는 데 동의한다. 부동산 가격에 절대적인 기준이라는 것은 애초에 있을 수 없다. 이 때문에 현재 부동산 가격이 높은 수준인지 낮은 수준인지 판단하는 것 역시 쉽지 않은 문제다. 그렇지만 이것만은 확언할 수 있다. 우리나라의 집값이 외환 위기나 글로벌 금융 위기 수준의 충격을 받지 않는데도 큰 폭으로 떨어진다면 그 이유는 주택을 1년에 수십만 가구씩 지어댔기 때문일 것이다. 즉, 미친 듯이 서울과 수도권에 신도시를 다시 공급하지 않는 이상 집값은 떨어질 일이 없으리란 얘기다.

새 정부 초기에 민간이든 공공이든 주택 공급을 늘릴 생각을 하지 않고 오히려 많은 전세를 공급하는 2주택 이상 보유자를 규제했기에 더욱더 투기 수요가 극성을 부리는 결과를 낳았다. 공급을 확대하지 않고 금융이나 세금 규제로 집값을 인위적으로 통제하려 하면 공급이 제한적인 전세와 월세 역시 더더욱 많이 올라 주택 가격이 걷잡을 수 없는 상승 동력을 가지게 된다.

2019년에 집값이
오를 지역과 내릴 지역

• 수도권 주택 상승장 지속될 듯
• 부동산 규제 비켜간 지역에 주목하라

부동산 자문을 하면서 아파트와 관련해 가장 많이 받는 질문은 역시 "지금 사도 될까요?" 하는 매입 시기와 "어느 지역이 좋을까요?" 하는 지역 선택이다. 과거에는 "어디가 많이 오를까요?", "집값이 떨어지지는 않을가요?"가 주된 관심사였다면 지금은 질문의 포커스를 일단 주택을 마련한다는 데 두고 시기와 지역을 저울질하는 양상임을 알 수 있다.

기업체 이전과 산단, 공단이 쇠락해 인구가 급속히 감소하는 도시의 부동산 하락은 굳이 그 이유와 사실 관계, 전망을 논할 이유가 없을 것 같다.

2019년에 집값이 오를 지역과 내릴 지역을 짚어주기보다 집값이 많이 오를 지역과 덜 오를 지역을 구분해 주는 것이 이 장의 핵심이다. 다음 KB국민은행 부동산 매매 증감률 통계를 보면 전국의 아파트 시세는 2012년에 딱 한 번 떨어졌을 뿐 2007년 이후 매년 오르고 있다. 단독과 연립주택 역시 통계상으로 크게 하락한 적이 한 번도 없다.

우리가 기억하는 2010~2013년 부동산 시장 침체는 서울과 수도

KB주택가격동향 조사, 단위 : 퍼센트

지역별	월별 유형별	2007	2008	2009	2010	2011	2012	2013	2014	2015	2016	2017
전국	종합	3.14	3.11	1.46	1.89	6.86	-0.03	0.37	2.10	4.42	1.35	1.24
	아파트	2.14	2.30	1.58	2.53	9.60	-0.18	0.33	2.43	5.06	1.50	1.31
	단독	2.81	2.01	0.90	0.78	2.54	0.85	0.81	1.69	3.29	0.85	0.77
	연립	8.32	7.87	1.80	0.92	2.81	-0.26	-0.09	0.90	2.72	0.92	0.83
서울	종합	5.42	5.03	2.65	-1.18	0.29	-2.88	-1.27	0.80	4.34	3.01	3.68
	아파트	3.57	3.20	2.58	-2.19	-0.44	-4.48	-1.84	1.09	5.56	4.22	5.28
	단독	7.08	6.16	3.01	0.44	1.93	0.14	-0.09	0.54	2.58	1.31	1.44
	연립	8.87	8.17	2.54	-0.25	0.76	-1.28	-0.78	0.34	2.78	1.34	1.42
6개 광역시	종합	2.36	3.33	1.49	4.71	11.53	1.70	1.68	3.06	5.77	0.99	0.86
	아파트	1.64	2.88	2.08	6.51	15.92	1.86	2.00	3.36	6.56	1.08	0.88
	단독	1.57	0.83	0.28	1.04	3.01	1.75	1.63	3.03	4.95	0.86	0.87
	연립	8.25	9.52	0.97	2.82	5.04	0.81	0.23	1.71	3.12	0.68	0.71
수도권	종합	5.58	4.95	1.25	-1.75	0.48	-3.02	-1.37	1.30	4.44	2.29	2.25
	아파트	4.00	2.93	0.74	-2.89	0.38	-3.88	-1.74	1.81	5.61	2.89	2.77
	단독	5.76	5.04	2.01	0.46	1.23	-0.41	-0.45	0.39	2.05	0.99	0.90
	연립	10.74	10.33	1.79	-0.51	0.72	-1.71	-0.92	0.22	2.22	1.04	1.03

KB주택가격동향 조사(2018.10), 단위 : 퍼센트

지역별	월별 유형별	2018									
		1	2	3	4	5	6	7	8	9	10
전국	종합	0.19	0.22	0.25	0.17	0.10	0.10	0.12	0.21	0.98	0.56
	아파트	0.21	0.20	0.45	0.14	0.05	0.06	0.02	0.23	1.09	0.61
	단독	0.06	0.20	0.29	0.22	0.25	0.20	0.26	0.13	0.61	0.33
	연립	0.14	0.21	0.19	0.17	0.09	0.10	0.26	0.12	0.64	0.37
서울	종합	0.71	0.69	0.42	0.70	0.38	0.38	0.59	0.80	2.85	1.43
	아파트	1.12	0.99	0.55	0.81	0.40	0.39	0.53	1.17	3.83	1.84
	단독	0.15	0.23	0.30	0.68	0.55	0.46	0.79	0.28	1.27	0.76
	연립	0.07	0.28	0.22	0.43	0.23	0.32	0.61	0.22	1.39	0.81
6개 광역시	종합	0.03	0.09	0.54	0.03	0.03	0.05	0.04	0.02	0.21	0.17
	아파트	0.01	0.00	0.60	0.03	0.00	0.01	0.00	0.00	0.16	0.14
	단독	0.10	0.22	0.48	0.09	0.18	0.29	0.25	0.09	0.44	0.29
	연립	0.05	0.34	0.29	-0.05	-0.01	-0.05	-0.03	0.04	0.14	0.14
수도권	종합	0.38	0.39	0.40	0.37	0.20	0.20	0.29	0.43	1.68	1.00
	아파트	0.46	0.43	0.52	0.38	0.19	0.19	0.22	0.53	2.02	1.20
	단독	0.10	0.22	0.23	0.43	0.33	0.29	0.46	0.18	0.79	0.50
	연립	0.20	0.27	0.10	0.23	0.13	0.13	0.36	0.16	0.81	0.49

권 지역에서 이 무렵에 아파트 가격이 꽤 하락했기 때문인데, KB 통계에 의하면 이 사이에 서울에서 8.95퍼센트포인트의 가격 하락 이 있었고 수도권 아파트 역시 같은 기간에 8.13퍼센트포인트 하락 했다. 서울이나 경기도권에 5억 원짜리 집을 갖고 있었다면 이 기 간 동안 4000만 원 정도 시세가 떨어진 것이다. 당시 파주운정, 김 포한강, 인천송도 등 1.5기 신도시에서 미분양이 속출하고 가격이 떨어지자 이것을 언론에서 연일 다루면서 불안 심리를 증폭시킨

것도 하나의 이유로 작용했다.

그런데 2014년부터 시세를 회복하더니 2017년까지 4년간 서울 아파트는 16.15퍼센트포인트 상승하면서 그동안 잃어버린 가격을 모조리 되찾았다. 수도권 역시 같은 기간 동안 13.08퍼센트포인트 올랐다. 2018년 9월까지의 통계를 포함하면 서울은 2014년부터 27.78퍼센트나 올랐고 수도권은 18.94퍼센트포인트가 오른 것으로 나타난다.

2014년부터 27.78퍼센트 오른 서울 집값

8퍼센트 까먹고 19~27퍼센트 올랐으니 집 가진 사람은 앞으로 집값이 떨어진다고, 떨어뜨리겠다고 아무리 겁을 줘도 코웃음을 칠 수밖에 없다. 우리나라 부동산은 떨어질 때보다 오를 때 훨씬 크고 길게 상승세가 이어진다는 것이 자명하다. 더더욱 2010년 이후 가격 하락은 세계적 금융 위기에 따른 국난 수준의 경기 침체 때문이라 부동산 시장의 본원적 문제에서 기인했다고 보기 힘들다. 또 심리적 요소가 많이 작용하는 시장 특성상 한 번 내성이 생기면 이것을 다시 뚫고 들어가기 어렵기 때문에 앞으로 정부 정책은 큰 효과를 보기 힘들다는 주장에 힘이 실리는 것이다.

어쨌든 2019년에도 수도권 주택 상승장은 이어진다. 다만 서울과 경기도, 즉 수도권의 상승폭은 더 커질 것이다. 서울은 2016년 이후로 인허가 물량이 크게 감소했다. 인허가 면적 추이는 해당 지역의 1~2년 후 분양 물량을 가늠할 수 있는 중요한 선행 지표다. 벌써 올해에도 수도권에서는 30만 가구 이상의 아파트가 입주 물량으로 공급된 반면 서울은 3분의 1에도 못 미쳤다.

실수요자라면 서울 지역에서는 당분간 각종 규제와 세무 조사 등에서 자유로울 수 없는 재건축 단지보다 비강남권의 소형 재개발·재건축 단지를 눈여겨보는 게 좋다. 마포, 은평, 동작, 양천구에서 신규 단지가 속속 모습을 드러내고 있는데 마포, 동작구는 직주근접성(직장과 집의 가까움 정도)이 높고 측면과 한강 조망에서 유리하고 양천구는 학군 수요가 많으며 은평, 노원, 도봉구는 오랫동안 저평가된 지역이라 사이클 변동기에 타 지역보다 크게 오를 가능성이 높아 투자 목적으로 유망하다.

수도권 실수요자는 경기도 용인시 수지구와 수원시 팔달구, 안양시 만안구 등 분당·평촌 등 수도권 1기 신도시 옆에 붙어 있으면서 정부의 각종 부동산 규제에서 비껴난 곳을 눈여겨보면 좋겠다. 또 기본적으로 신도시 중 동탄2신도시와 평택 고덕신도시를 염두에 두면서 기존의 분당, 과천 등 주요 인기 지역 재건축·재개발 단지도 관찰할 필요가 있다. 분당은 교통, 학군이 갖춰져 있으므로 준강남권 대체 주거 지역 중 가장 주거 선호도가 높은 곳이며, 과천은 정부 규제라는 창과 막강한 청약 수요라는 방패의 대결이 주목되는 곳이기 때문이다.

인천, 부천도 서울 대접 받는다

장기적으로 부천, 인천, 광명, 하남 등 서울과 지리적으로 가까우면서 교통망이 어느 정도 갖춰진 곳은 서울 아닌 서울로 급격하게 성장할 전망이다. 지하철 30분 이내에 서울 접근이 가능한 도시는 사실상 서울 대접을 받을 날이 멀지 않았다. 중장기적으로 투자하기를 원한다면 이런 위성 도시의 저평가된 구 아파트를 노려보는 것이 좋다.

지방 광역시 중 부산과 대구, 광주는 지역 호재와 인기 지역 중심으로 수요가 건재해 2016년 이후 이어진 완만한 상승세가 계속되겠지만 대전, 울산, 전주 지역은 보합세가 예상되는 가운데 향후 개별 분양 단지를 중심으로 면밀한 관찰이 필요하다. 특히 부산과 대구는 대구 수성구와 부산 7개구를 제외한 대부분 지역이 투기과열지구, 청약조정대상지역 등 규제지역에서 벗어나 분양권 전매제한 기간이 짧고 분양권 양도세 중과 적용도 배제된다. 따라서 규제 적용을 받는 인기 지역보다 당분간은 주변 소규모 재건축, 재개발 단지 등으로 눈길을 돌려볼 만하고, 광주 역시 신규 택지보다 도심 재개발 단지가 가격 상승을 이끌 것으로 보이므로 적극적인 검토가 필요하다.

금리 인상,
부동산 시장에 미칠 파장은?

• 11.20 한은 금리 인상(0.25%) 단행
• 심리적 영향 있지만 시장 분위기 바꿀지는 지켜봐야

금리와 부동산은 반비례 관계다. 금리가 오르면 이자 부담이 늘어 매물은 증가하고 투자 수요는 줄어들기 마련이다. 반대로 금리가 내리면 부담이 줄어든 집주인은 매물을 회수한다. 주택 수요자가 구매 전선에 뛰어들면서 집값이 오른다. 따라서 시중 금리에 영향을 미치는 한국은행 기준 금리는 요 주의 관찰 대상이다.

미국 연방준비제도(연준)는 2018년 9월 27일(현지시간 26일) 연방공개시장위원회(FOMC)를 열어 기준금리인 연방기금 금리를 2.00퍼센트에서 2.25퍼센트로 0.25퍼센트포인트 추가 인상했다. 지난 3월과 6월에 이어 2018년에만 세 번째 인상이다.

이에 인상 시기를 저울질하던 한국은행 금융통화위원회는 2018년 11월 30일 기준금리를 연 1.50퍼센트에서 연 1.75퍼센트로 인상했다. 한은의 기준금리 인상은 2017년 11월 0.25퍼센트포인트 인상한 후 1년 만이다. 그동안 꾸준히 인상 신호를 보내온 만큼 예견된 인상이었다는 평가가 지배적이다.

이로서 한국(연 1.75퍼센트)과 미국의 기준금리 차이는 0.50퍼센트포인트가 유지됐다. 2007년 7월부터 11년 만에 최대 폭(0.75퍼센트)으로 벌어졌다 다시 원래대로 돌아간 것이다. 미 연준은 연내에 추가로 한 차례(12월) 더 금리인상을 할 것이 유력시된다. 2019년에도 추가로 금리를 올리는 등 금리 인상에 더욱 속도를 낼 것이란 전망도 나오고 있다.

정치권의 섣부른 금리 인상 압박

이번에 한국은행이 고심 끝에 금리를 올린 것은 상당히 중요한 의미를 담고 있다. 특히 문재인 정부 들어 아파트 가격이 각고의 노력에도 좀처럼 잡히지 않는 건 경제위기 극복과 일자리 창출을 위해 팽창적 재정정책을 썼고, 몇 년간 가계대출이 확대됨에 따라 유동성이 과잉됐으며, 저금리 기조가 유지되면서 투자자가 부동산으로 몰리는 현상 등의 요인에 이어 정부의 정책 혼선이 더해진 탓인데 부동산 분야를 책임진 당국자가 금리 인상으로 부동산 문제를 해결하려 드는 것은 책임 있는 태도가 아니다.

그러면 현 시점에서 금리 인상은 부동산 시장에 얼마나 영향을 미칠 것인가? 우선 기획재정부 측에서도 말했듯이 금리 정책은 부동산 정책이 아니다. 맞는 말이다. 금리는 부동산 문제만 놓고 볼수 없고 거시, 국제경제와 내수 시장, 고용, 물가, 소득 등 경제 전반을 검토해야 하는 중요한 사안이다.

흔히 금리 상승은 경기 침체와 부동산 시장 위축을 불러온다고한다. 금리가 올라가면 대출 이자 부담이 늘어나면서 매도자는 주택 보유 부담이, 매수자는 주택 구입 부담이 커진다. 자산이 적거나 대출 의존도가 높은 가구는 일단 어느 정도의 충격을 받을 것이다. 일각에서는 2011년 이후 계속된 저금리 흐름이 부동산 가격 상승에 영향을 줬다고 주장한다. 물론 저금리에 따른 유동성이 부동산 수요 저변을 확대시킨 것이 맞다. 그러나 금리 상승은 무조건 부동산 위축, 금리 하락은 무조건 부동산 과열로 이어지는 것은 아니다. 2002~2003년은 금리 하락기였지만 집값은 약보합세였다. 또 2004~2006년은 금리 상승기였지만 집값 상승률은 연간 두 자릿수였다.

초저금리 기조를 받아들인 대부분의 해외 주요국이 부동산 호황기를 누리고 있는데 시중 유동성 증대를 등에 업은 것은 틀림없다.

하지만 금리 인상으로 부동산 시장을 누그러뜨렸다는 소식은 들은 적이 없다.

소폭이기는 하지만 금리가 오른 현 시점은 하필 '경기 둔화' 시기와 맞물려 있다. 주식 시장이 심상치 않다는 데에서 경기 둔화를 엿볼 수 있다. 한은은 2018년 들어서도 1퍼센트대 초반에서 좀처럼 오르지 않는 물가와 0퍼센트대에 머무는 GDP 증가율 탓에 금리 인상 시기를 뒤로 미뤄왔다. 이제 금리 인상을 단행했기 때문에 경기 침체 속도가 매우 빨라질 가능성이 높다. 통상 금리 인상은 경기 회복에 찬물을 끼얹는 요인이다. 금리가 상승하면 가계의 이자 부담은 높아지고, 기업의 투자 여력은 줄어드는 것이 일반적이다. 미중 무역 분쟁 등 대외 불확실성도 경기회복 둔화의 한 원인인 듯하다.

한동안 추가 인상은 없을 가능성이 높지만 한 차례의 금리 인상만으로도 시장은 큰 시그널로 받아들일 수 있다. 하지만 부동산 시장에 억제책으로 크게 작동하기는 힘들 것이다.

금리 1퍼센트 떨어지면 주택 가격 3.5퍼센트 상승

국제결제은행(BIS)이 발표한 '미국과 전 세계의 금리와 주택가격'이라는 보고서를 보면 "선진국에서 부동산 상승기는 경제 조사 기간 중 거의 80퍼센트를 차지했고, 상승세는 평균 13년간 지속됐다"고 돼 있다. 부동산 10년 주기설의 진원은 바로 여기가 아닐까. 또 "단기 금리 상승만으로는 주택 수요를 크게 저해할 수 없지만 집값 상승이 느려지면 통화당국은 금융 시스템을 강화하는 조치를 취할 만한 시간 여유를 갖게 된다"는 중요한 언급이 나와 있다.

또 이 보고서에는 1970년부터 2015년까지 전 세계 집값이 얼마나 올랐는지에 대한 자료가 있는데 스페인, 영국, 이탈리아 등이 매년 8~9퍼센트의 상승률을 보였다. 선진국의 명목 주택가격은 2015년까지 매년 평균 6퍼센트 이상 성장했는데 노르웨이에서는 66년 동안 77배나 뛰었으며, 미국은 47년 동안 주택가격이 13배 올랐다.

특히 금리가 1퍼센트 떨어지면 집값은 3년 후 3.5퍼센트포인트, 5년 후 5.75퍼센트포인트 오르는 것으로 추산된다. 여기에서 금리가 부동산 가격에 영향을 미치는 요인임을 분명히 알 수 있다.

내 집 마련,
해야 하나 말아야 하나?

- 부분 시장, 지역별 양극화 심해진다
- 주택 구매 의사 있다면 구입 시기를 늦출 필요 없어

    중간 정도의 소득을 버는 사람이 서울 지역에서 집을 사려면 월급을 한 푼도 쓰지 않고 12년 가까이 모아야 한다는 웃지 못할 얘기가 들린다. 수도권의 어느 신혼희망주택의 분양가는 4억6000만 원인데 가구 중간소득과 비교하면 아홉 배가 넘는 수준이다. 20년 동안 소득의 반 이상을 쏟아부어야 하니 대부분의 젊은이에게는 그림의 떡이다. 물론 이 단지는 주변 시세보다 싼 편에 속한다.

    주택 구입을 희망하는 사람에게는 엎친 데 덮친 격으로 10월 31일부터 현행 100퍼센트인 부채원리금상환비율(DSR) 기준을 70퍼센트로 낮추는 대출 규제를 시행했다. 이에 따라 자신의 연간 소득에서 부채가 차지하는 비중이 70퍼센트를 넘는 사람들은 은행에서 대출받기가 더욱 어려워졌다.

반면 일부 지방 도시는 집이 남아돌아서 난리라고 한다. 지방 경기의 위축, 기업체 이전, 인구 감소 등이 원인일 것이다.

6개월마다 쏟아지는 정책에 혼선만 생긴다

한쪽에서는 강력한 규제 이후에도 연일 견본주택에 수천 명이 몰린다는 기사가 보이고, 다른 쪽에서는 집값 상승률은 떨어지고 거래량이 급감했다는 보도가 들리니 주택 수요자 입장에서 시장 상황을 어떻게 봐야 하는지 난감할 것이다.

부동산 시장 투명화를 선도해야 하는 국토부 등이 잦은 부동산 대책을 발표해 시장에 혼선을 주는 것도 문제다. 세금, 법률, 중개 전문가조차 온전히 이해하기 힘든 각종 조치와 제도가 6개월이 멀다 하고 쏟아진다.

2018년 서울 주택 월간 거래량 추이

	1월	2월	3월	4월	5월	6월	7월	8월	9월	10월
아파트	10,198	11,113	13,817	6,204	5,461	4,754	5,519	7,320	12,359	9,939
단독/다가구	1,310	1,332	2,339	1,368	1,558	1,510	1,474	1,404	1,587	1,589
연립/다세대	3,465	3,993	6,763	4,070	4,090	3,788	4,059	4,136	5,060	5,165

신고일 기준 거래건수. 10월은 30일까지 신고된 건수.　　　　　　자료:서울부동산정보광장

이 시점에서 잊지 말아야 할 것은 떠들썩하게 쏘아 올리는 규제 폭탄이 잠시 거래를 주춤하게 했지만 집을 사려는 사람을 줄인 게 아니라 집을 살 수 있는 길을 잠깐 막는 정도에 불과했다는 점이다. 시중에 풀려 있는 1100조 원 규모의 유동자금과 내년에 풀릴 20조 원 규모의 토지보상비는 집값을 다시 들썩이게 할 만한 잠재 요인이다.

경기 회복을 위해 금리를 내리고 시중에 자금을 대거 공급한 세계 주요 국가와 주요 도시 중 집값이 폭등하지 않은 곳이 거의 없다. 중국 상하이, 베이징을 비롯해 캐나다 토론토·밴쿠버, 스웨덴 스톡홀름, 독일 뮌헨, 미국 샌프란시스코 등 대표적인 슈퍼스타 도시의 주택 가격이 2011년 이후에 얼마나 올랐는지 독자 스스로 자료를 찾아보기 바란다.

규제가 만든 거래 실종과 수요 잠복을 놓고 집값이 잡혔다고 안도하는 건 섣부르다. 누르는 힘이 클수록 뛰어오르는 반발력은 높아진다. 거래가 줄어들었는데 가격이 떨어지지 않는다면 그건 관망세가 이어진다는 걸 뜻한다.

집값 떨어진다고 좋아하던 사람이 몇 년 지나 그때 집 사두지 않은 것을 후회한다는 말이 서울에 사는 직장인들 사이에서 종종 들린다. 2013년에 한 언론사에서 부동산에 관심이 많은 주부들을 초청해 좌담회를 개최한 일이 있었다. 당시는 시장이 장기적으로 위축될 조짐을 보이자 내집 마련 시기를 놓고 찬반 의견이 팽팽하게 맞서던 때였다.

당시 좌담회에 참석한 주부 중 상당수는 '지금처럼 불안한 시기에 무리하게 대출을 받아 주택을 구입하기는 어렵다', '주변에서 집값이 떨어져 매매가 안 돼 집을 전세로 내놓고 본인은 다른 전세로 사는 사람들이 많다', '주택 구입보다 전세가 현명한 결정이다'라고 입을 모았다. 어떤 주부는 '아무리 시세가 낮아졌다고 해도 무리해서 집을 구매하는 건 좋지 않다고 본다'고도 말한 기억이 난다.

반면 많은 전문가들은 부동산 시장이 침체된 만큼 무리해서 주택을 구입할 필요는 없지만 2013년 현재 주택 가격이 많이 떨어진 데다 전세값은 상대적으로 크게 상승했으므로 구입을 고려해 보는 것도 좋다고 조언했다. 4년가량 지난 지금 생각해 보면 전문가의 조언을 듣고 집을 구입한 상당수가 어쨌든 집값이 올랐기에 옳은 결정을 했다고 볼 수 있다.

2012년 빼고 매년 오른 부동산 가격

서울의 주택보급률은 2005년 93.7퍼센트에서 10년 후인 2015년 96.0퍼센트로 늘어났다. 반면 자가보유율은 같은 기간 44.6퍼센트에서 41.1퍼센트로 떨어졌다. 주택은 늘었지만 주택을 소유하고 있는 가구는 줄어든 셈이다. 다주택자의 주택 구매가 늘어난 반면 실수요자는 아직 집을 구하지 못했다는 얘기다. 2016년에 서울시가 10년 후 거주를 희망하는 주택 형태를 조사해 보니 10명 중 6명(61.1퍼센트)이 아파트를 꼽았고, 10년 후에도 서울에 거주하기를 희망(59.7퍼센트)했다.

우리나라의 주택 가격은 3.3제곱미터 기준 4680만 원(수도권)으로 세계 평균과 비교해 보면 여전히 저렴한 편이다. 홍콩은 9750만 원이다. 싱가포르는 6830만 원, 런던은 6820만 원이다.

스스로 평가하기에 주거 환경, 학군, 교통이 만족할 수준이면 망설이지 말고 집을 구매하라. 그리고 장기간 보유하라. 2007년부터 2018년까지 전국 아파트 시세가 하락한 해는 2012년밖에 없었다. 정부 정책은 절대로 시장 가격을 완벽하게 통제하지 못한다.

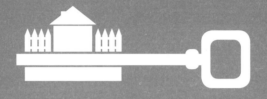

2

chapter

2019년 아파트 시장
총전망

사야 할 아파트,
팔아야 할 아파트

• 예상의 원리, 대체의 원리 명심하라
• 부분 시장별로 희비 엇갈릴 수 있어 시장 변화에 민감해져야

　　2018년 11월 말부터 시행된 새로운 청약제도의 핵심은 수도권과 광역시에서 추첨으로 입주자를 선정할 때 무주택자에게 추첨제 물량의 75퍼센트를 우선 배정한다는 내용이다. 기존 주택 보유자는 당첨될 경우 기존 주택을 6개월 내에 처분해야 한다. 만약 이를 어기면 3년 이하의 징역이나 3000만 원 이하의 벌금이 부과된다.

　　이 밖에 기존 주택 보유자는 부양가족이 있어도 가점을 받을 수 없다. 집이 있는 신혼부부는 특별공급 후보 대상에서도 제외된다. 프리미엄을 주고 분양권을 구입한 경우라도 주택을 구입한 것으로 간주된다. 만약 새 아파트에 청약을 신청하려면 보유한 분양권을 팔아야 한다.

일반적으로 일반 지역에서 85제곱미터 이하 민영주택은 가점제 40퍼센트, 추첨제 60퍼센트의 비율로 분양된다. 85제곱미터 초과인 주택은 100퍼센트 추첨제로 당첨자를 선정한다. 투기과열지구와 조정대상지역, 수도권 공공택지는 85제곱미터 이하는 100퍼센트 청약가점제로, 85제곱미터 초과는 50퍼센트 이하 청약가점제가 적용된다.

반면 85제곱미터 이하 민영주택의 가점제 비율은 투기과열지구는 100퍼센트, 85제곱미터 초과 주택은 가점제 50퍼센트, 추첨제 50퍼센트다. 조정대상지역이라면 85제곱미터 이하 주택은 가점제 75퍼센트, 추첨제 25퍼센트의 비율이 적용된다. 가점제는 부양가족 수(35점 만점)와 무주택 기간(32점 만점), 청약통장 가입 기간(17점 만점) 등을 기준으로 점수를 매긴다.

새로운 청약제도가 시행되면서부터 수도권에 주택이 있는 사람은 청약에 당첨될 가능성이 거의 사라졌다고 보면 되기 때문에 지방 아파트로 눈을 돌리는 이들이 눈에 띄게 많아졌다. 이처럼 실수요자에게는 분양 제도나 청약 제도의 변화가 큰 관심거리이자 고민거리다.

분양·청약 제도 변화로 실수요자 중심 시장 형성

미국의 감정평가협회(Appraisal Institute)가 채택한 '부동산 평가 원리(appraisal principle)'를 보면 부동산 가치를 측정하는 첫 번째 기준이 바로 예상의 원리다. '예상의 원리'란 부동산의 가치가 과거나 현재의 이용 상태에 따라 결정되는 것이 아니라 앞으로 어떻게 이용될 것인가에 대한 예상에 의해 결정된다는 것이다. 현재 일정한 수익을 창출하고 있는 토지보다 아무런 수익도 창출하지 못하는 토지 가격이 오히려 더 높은 경우가 있는데, 이것은 그 토지가 현재는 소득을 발생시키지 못하지만 미래의 어느 시기에는 훨씬 많은 소득을 창출할 것이라는 예상을 반영하고 있기 때문이다. 낡고 좁은 강남권 재건축 아파트의 인기나, 교통망과 기반 시설이 갖춰지지 않은 신도시의 택지 등에 투자자가 몰리는 것도 바로 이런 예상의 원리 때문이다. 주택 시장이 위축될 것이라는 예상이나 집 값이 하락할 것이라는 예상으로 수도권 아파트 미분양이 발생하는 상황은 반대 측면에서 바라본 예상의 원리다.

그런데 한국 부동산 시장은 이 예상의 원리를 그동안 단기적이고 좁은 의미로 적용해 왔다. 앞으로 부동산의 평가 기준이 바뀌고 보다 중장기적인 흐름을 봐야 하므로 부동산을 평가할 때 깊이 고민해볼 대목이다.

경제 성장기에 집값 상승을 노리고 투자 목적으로 집을 사는 수요충이 시장을 이끌었다면, 앞으로는 집이 투자 수단이 아니라 순수한 주거 수단으로 바뀌기 때문에 투기의 대상이 될 수 없는 시장이 되리라는 것이 한국의 부동산 정책 기조다. 정도의 차이는 있지만 최근 10년간의 보수 정권 집권 기간에도 무주택 서민을 위한 주거 복지나 공공 주택 공급 확대 등은 부동산 정책 중에 중요한 부분을 차지해 왔다.

인구는 집중됐는데 주택 공급 부지가 부족한 기형적인 구조 탓에 서울 집값은 많이 오르고 있지만 어쨌든 주택은 청약이 얼마나 몰리느냐, 당장 사서 얼마가 오를 것인가 등이 아니라 주거라는 기본적인 기능이 중요하다. 그런 측면에서 가격과 가치가 결정되는 것이 바람직하다. 후분양제 도입, 보유세 인상 등의 기조는 아마도 현 정부 임기 내에 완전히 정착될지 모른다. 그렇게 되면 다주택자가 줄어들고 그야말로 1주택 시대가 되면서 주거 만족도가 높은 지역이 각광을 받는 시장 분위기가 짙어질 것이다.

부동산 본연의 가치에 주목하라

결국 학군과 교통, 직주 근접, 주변 상권 등 주택 본래의 평가 요소를 중요하게 볼 수밖에 없다. 한때 대학교 주변 부동산의 인기가 높았지만 나중에는 우수 중고교를 끼고 있는 아파트 단지의 가치가 높아지고 서울까지 지하철로 30분 이내에 접근이 가능한 부천, 광명, 하남의 주택도 재조명 받을 것이다. 부산, 대구, 광주 등 지방 도시에서도 도심의 우수 학군 지역과 핵심 상권 주변 신규 아파트의 가치는 날로 높아질 전망이다.

이처럼 부동산 시장은 더 이상 단순한 맹목적 투자가 통하지 않는 시장이다. 물론 이 책 전체에 걸쳐 나는 2018년 조정기와 본격 상승기를 거쳐 2019년에는 공급이 부족한 지역을 중심으로 아파트 가격이 더 많이 오를 것이라고 주장하고 있다. 그렇다고 해서 본인의 매입 목적이나 지역적 특성을 고려하지 않고 내가 추천하거나 양호하다고 전망하는 곳에 위치한 아파트를 무조건 사들이라는 뜻은 아니다.

그동안 우리가 알게 모르게 시장의 전반적인 상황이 많이 변했고 앞으로 지역별 분위기는 더욱 차이날 것이다. 시장 침체기에도 시류를 잘 읽은 투자자는 큰 차익을 얻고 시장 상승기에도 엉뚱한 투자를 한 사람은 그다지 재미를 보지 못한다. 통계를 보면 전반적으로 가격이 19~27퍼센트포인트 오른 2014~2018년의 대세 상승기에도 대전, 울산, 대구 등 일부 광역시의 아파트 값은 별로 오르지 않았다.

새 정부가 전국을 투기지역 등으로 세분화해 수시로 규제의 총부리를 겨누는 상황이고 재건축 시장에 대한 억누르기가 2019년에도 지속될 예정이기에 전체적으로 2019년 상반기는 상당히 혼란스러울 것이다. 물론 시장이 정책을 무조건 이기겠지만 시차는 있을 것이고 숨고르기가 의외로 길어지는 지역이나 세부 시장이 있을 수 있다.

하지만 인구 증가가 완전히 멈출 것으로 예상되는 시점이 2030년경이라는 점, 복잡한 인허가 절차 및 신도시 개발 중단, 재개발로 공급되는 가구수의 감소가 2020년 이후 현실화된다는 점, 1~2인 가구와 외국인 증가세가 전체 인구가 감소하는 와중에도 주택 수요를 떠받친다는 점, 초저금리 기조는 불변적일 거라는 예상에는 변함이 없다는 점 때문에 주택 수요자라면 2019년에도 주택 구입을 절대 망설이지 말라는 조언을 해주고 싶다.

실제 연관성 없는 시중 정보에 현혹되지 말라

앞서 언급한 '부동산 평가 원리' 중에서 다섯 번째가 '대체의 원리'다. 대체의 원리란 특정한 부동산 가치가 그것과 대체 관계에 있는 다른 많은 부동산의 영향을 받아 결정된다는 원리다. 어떤 아파트의 가치가 5억 원이라면 그것은 그보다 조금 못한 인근 아파트가 4억5000만 원에, 조금 나은 아파트는 5억5000만 원에 거래된다는 의미다. 같은 규모의 주상복합 아파트라고 해도 서울과 제주의 아파트는 서로 간에 전혀 대체성이 없다. 하지만 광주광역시 계림동에 지어지는 모든 아파트는 동일한 부분 시장 안에 있기 때문에 서로의 가격에 영향을 준다. 이것은 특정 지역을 염두에 두고 있을 때 그 지역의 가격 정보에 끊임 없이 관심을 가져야 한다는 뜻이며 동시에 연관성 없는 시장 정보에 현혹되지 말라는 교훈도 전해주고 있다.

이제 집을 파는 경우를 생각해 보자. 이미 주택을 여러 채 소유한 사람이라면 버틸 것이냐, 팔 것이냐. 임대주택사업자로 등록할 것이냐를 두고 깊은 고민에 빠져 있을 것이다. 현재로서는 이미 가격 상승이 멈췄거나 곧 멈출 지역에 속한 아파트, 즉 정점을 지난 아파트나 양도세중과지역 외에 위치한 아파트부터 매도 시점을 잡는 것이 당연해 보인다. 같은 기준에서 외곽 지역에 있는 아파트부터, 양도 차액이 적은 것부터 정리하는 편이 기본적으로 유리하다.

그러나 부동산 관망세가 의외로 짧아지고 인기 지역이 개발된다는 소식이 들리고 분양 단지가 상반기에 개관하면 다시 시장이 불을 뿜을 것이다. 이때를 대비해 일단 아파트는 보유하고 있으면서 버티는 전략을 추천한다. 집값은 떨어지지 않는데 거래만 안 되는 지금의 관망세는 그런 심리적 줄다리기에서 나온 것임을 기억하자.

재건축 아파트,
어떻게 될 것인가?

- 2019 상반기에 분양 시장 열기 되살아나 매매 시장도 다시 부활
- 비강남권은 투자 공식 철저히 지켜야 실패 없다

1982년에 입주한 개포주공4단지가 개포그랑자이라는 새 브랜드로 곧 분양 일정에 돌입한다. 개포주공4단지는 지난 9월 21일 정비계획 및 정비구역으로 변경돼 강남구청이 고시했으며, 도시보증주택공사(HUG)와 분양가 협의가 완료되면 일반 분양할 수 있는 모든 절차가 마무리된다.

개포주공4단지는 개포주공8단지 등 인근 아파트 청약률이 어마어마했고 강남권에서는 흔치 않은 3357세대의 대단지이면서도 일반 분양분이 281세대에 불과하다는 이유가 있기 때문에 그야말로 로또 아파트라고 불릴 만하다. 2018년 현재 35.87제곱미터형 매물이 14억~14억5000만 원에 거래되고 있는데 이것은 2017년 12월과 비교해 4억 원 이상 오른 가격이다. 2019년 분양 시장에서 강남권 대표주자로 꼽힐 만큼 입지와 사업성이 뛰어난 만큼 예상 분양가도 3.3제곱미터당 4000만 원을 훌쩍 넘길 것으로 예상된다.

개포주공4단지 개요

(1) 위치 : 서울특별시 강남구 개포동 189

(2) 규모 : 지하 4층~지상 34층 (34개 단지)

(3) 사업단계 : 조합원 동호수 추첨 → 일반 분양

(4) 시공사 : GS건설

(5) 가구수 : 지상 5층 58동 2840가구 → 지상 34층 34동 3357가구

(6) 일반분양분 : 281가구

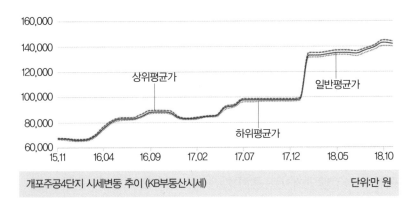

개포주공4단지 시세변동 추이 (KB부동산시세)　　　　　단위:만 원

2017년 이맘 때 당시 하반기 재건축 시장의 최대 이슈였던 신반포센트럴자이와 래미안강남포레스트가 청약 흥행에 성공하면서 부동산 정책에 맞서자는 버티기 전략을 부추겼다. 신반포센트럴자이의 경쟁률은 평균 168대 1이었고 청약 가점은 77~78점에 다다랐다. 래미안강남포레스트는 40대 1을 기록했다.

강남권 재건축 단지들이 새 정부의 규제 드라이브에 일단 숨고르기를 하며 관망하는 분위기 속에서 초미의 관심사로 떠올랐던 신반포센트럴자이와 래미안강남포레스트가 일단 흥행에 성공하자 한 발 물러났던 수요자가 점차 대담하고 적극적인 투자에 나서고 있다. 이것이 강남 집값 상승을 견인했다.

인기 분양 단지 개관하는 2019년 상반기 주목

바로 지금 분위기가 2017년과 비슷하다. 9·13 여파와 3월 시행된 안전진단 기준 강화 등의 악재로 상당수 단지가 분양 일정을 미룬 상황에서 집값이 잠시 보합세를 보이고 있지만 개포그랑자이를 비롯해 강남 인기 지역 단지의 청약 일정이 발표되는 순간 다시 분양 시장이 대성황을 이루면서 투자 심리를 자극하고 이것이 거래 증가와 가격 상승으로 이어지는 사례를 우리는 봐왔다.

서울 시내 웬만한 재건축 단지의 시세 차익은 2억 원을 훌쩍 넘

재건축 초과이익 환수제 적용 시 부과율

조합원 1인당 평균이익	부과율 및 부담금 산식
3000만 원 이하	면제
3000만 원 초과 ~5000만 원 이하	3000만 원 초과금액의 10%×조합원수
5000만 원 초과 ~7000만 원 이하	200만 원×조합원수+5000만 원 초과금액의 20% ×조합원수
7000만 원 초과 ~9000만 원 이하	600만 원×조합원수+7000만 원 초과금액의 30% ×조합원수
9000만 원 초과 ~1억1000만 원 이하	1200만 원×조합원수+9000만 원 초과금액의 40% ×조합원수
1억1000만 원 초과	2000만 원×조합원수+1억1000만 원 초과금액의 50%×조합원수

재건축초과이익 환수에 관한 법률 제12조

어선 상태다. 당첨만 되면 그야말로 복권을 손에 쥐는 겪이다. 청약 태풍은 주변 지역에 영향을 미치고 수도권에도 여파가 이어진다. 관망하며 한 발 물러선 현금 부자들에게 이런 똘똘한 한 채는 필수품이나 다름없다.

　재건축 시장을 규제하는 초과이익환수제와 보유세 인상이 본격적으로 시행되고 있다. 그런데 보유세 인상폭이 생각보다 크지 않고 대출 규제도 큰 문제가 되지 않는 분위기다. 인기 분양 단지의 1순위 청약률과 청약 인원이 역대 기록을 갱신할지가 오히려 관심사일 정도니 말이다.

과천도 강남 못지않게 뜨겁다. 이미 과천의 평균 아파트 시세가 3.3제곱미터당 4000만 원을 넘나들고 있는 상황에서 2099가구 규모의 주공6단지가 2019년 상반기에 일반 분양될 것이 유력하기 때문이다. 분양보증을 신청하는 사업장의 3.3제곱미터당 평균 분양가가 인근 아파트 평균 분양가 또는 매매가의 110퍼센트를 초과하거나, 최근 1년 이내 분양한 아파트의 최고 평균가 또는 최고 분양가를 초과하지 못하도록 제한돼 있어 주공6단지는 최근 분양한 단지 가격과 비슷한 3.3제곱미터당 3200만~3500만 원선에 공급될 전망이다.

강남권, 과천, 분당 등 집값이 특별히 높은 지역을 제외한 곳에 투자할 때는 보유 기간을 3년 미만으로 짧게 보지 말고 준공 후까지 길게 보는 게 좋겠다. 당장 기대를 모으고 있는 상계주공 단지 일대를 보더라도 역세권 500미터 이내 거리에서 용적률 상향, 대지지분 13평 이상, 낮은 기존 용적률, 고·저층 혼재 등의 사업 적합 조건에 맞는 단지는 손에 꼽을 정도다. 사업 일정이 생각보다 더뎌질 가능성이 높다는 얘기다. 당장 1억~2억 원으로 투자해서 얼마간 월세로 돌려둘 수는 있겠지만 기대한 시세 차익이 발생하기까지는 짧지 않은 시간이 필요할지 모른다.

따라서 사업 일정이 빠르면서도 대지지분 높고, 조합원 수는 많고, 용적률 높은 단지를 고른다는 기본 공식을 철저히 대입해야 리스크를 줄일 수 있다. 마포구 성산시영, 강동구 삼익그린2차, 양천구 목동신시가지10단지 등 위 조건에 근접하는 서울 비강남권 단지는 2018년 들어서도 거침없는 상승세를 이어 가고 있다.

수직증축 리모델링 단지도 착공 임박

수도권 리모델링 단지도 착공을 눈앞에 두고 있다. 분당의 정자동 '한솔마을5단지', '느티마을3·4단지'가 대표적이다. 수직증축 리모델링을 하면 가구 수가 15퍼센트 이내여야 한다는 조건 안에서 최대 3개 층(14층 이하 2개 층·15층 이상 3개 층)까지 수직 증축이 가능하고 이를 일반 분양해 사업 수익을 낼 수 있다. 전문가들도 향후 재건축 시장의 대안으로서 주변 시세가 높은 1기 신도시의 리모델링 사업이 성공할 수 있을지 주목하고 있다.

아무튼 2019년에도 재건축 시장은 대한민국 아파트 시장의 흐름을 이끄는 중요한 위치에 설 것이다. 정부의 규제와 시장의 역습 중 누가 승자가 될 것인가를 재건축 시장이 먼저 보여줄 것이다.

재개발 아파트,
어떻게 될 것인가?

- 장기적인 구도심 알짜 투자처로 인식
- 서울 수도권 재개발 단지 분양 시장도 무난한 선방 전망

2000년대 중반까지만 해도 재개발 투자 문의가 참 많았던 걸로 기억한다. 적은 자본을 투자해 일반 부동산 수익률보다 훨씬 높은 차익을 손에 쥘 수 있는 게 재개발 투자다 보니 지금보다 관심이 훨씬 높았다. 기존 아파트를 철거하고 다시 짓는 형태인 재건축 사업과 달리 재개발은 일반 단독건물과 상가 등이 밀집해 있는 지역을 개발하는 것이기 때문에 토지 혹은 건물만 소유해도 조합원 자격이 생기고 지상권자도 자격을 얻는다. 또 조합 설립에 동의하지 않아도 조합원 자격이 박탈되지 않는다.

아울러 규제에서도 상대적으로 자유롭다. 재건축 초과이익환수제가 최근 재건축 시장에 불안 심리로 작용하지만 재개발 사업은 전혀 관련이 없다. 또한 청약조정대상지역에서는 소유권이전등기 시까지 전매 제한을 하지만 대부분의 재개발 사업지에는 적용되지 않는다.

하지만 서울 및 수도권을 중심으로 많은 수의 재개발 사업이 일정이 지연돼 답보 상태에 머물거나 지역주택조합 사업장으로 변경되는 등 변수가 많다. 그래서 상대적으로 강남에 몰려 있는 재건축 시장에 더 눈길이 가는 게 사실이다.

재개발 투자에는 어떤 장점이 있을까? 먼저 비교적 소액으로도 투자가 가능하다는 점을 들 수 있다. 정비구역으로 지정된 뒤 조합을 설립하는 등 사업 초기 단계에서 1억 원에서 2억 원 정도로 다세대 주택 등에 투자할 수 있고 사업 추진 단계가 착공에 가까워질수록 높은 시세 차익을 올릴 수 있다.

사업 일정이 빠른 곳을 찾아야 한다

인기 지역의 대단지, 브랜드 아파트를 청약 경쟁 없이 분양받을 수 있고 이 과정에서 청약 통장이 필요하지 않다는 점도 이점으로 작용한다. 물론 분양권 역시 자유롭게 거래할 수 있다.

문제는 재개발 투자 역시 만족할 만한 수익을 얻으려면 위험을 감수해야 한다는 사실이다. 특히 사업 일정이 당초 계획이나 기대보다 많이 느려질 수 있다. 시세가 꾸준히 올라준다면 문제가 없겠지만 주변 시장이 위축되면서 가격이 오르지 않고 매도 역시 여의치 않은 상황에 처할 수 있다. 또 사업비용이 증가하면 향후 조합원 부담금이 상승할 가능성도 높다.

이런 문제를 겪지 않으려면 사업 속도가 빨라질 곳을 택해야 하는데 잘 분양될 만한 곳이 그래서 유리하다. 최근 재개발 사업 일정을 무사히 마치고 시장에 등장한 지역을 보면 역시 서울 성동구, 마포구 등과 지방에서는 부산 해운대·연제·동래·수영, 대구 중구 등 구도심, 광주 계림2·8구역 등 청약 인기 지역이 대부분이다. 기본적으로 인지도가 있는 지역이 유리하다는 얘기다. 반면 서울 동대문구나 동작구에는 사업이 지지부진한 현장이 많다. 이해할 만하게도 강남권에는 재개발 단지가 전혀 없다.

하지만 최근에는 주요 역세권에 위치한 재개발 사업장에서도 사업이 얘기치 않게 늦어지는 사례가 있었다. 따라서 주민 동의 현황과 사업 추진 분위기 등을 현장과 구청에서 자주 확인할 필요가 있고, 보다 전문적인 식견도 필요하다. 주변 시세와 해당 현장의 조합원 분양가, 일반 분양가를 비교하고 건축비, 공사비용을 예측하는 일도 결국 투자자 본인이 감당해야 할 일이다. 아무리 입지가 좋아도 사업성이 없으면 전진할 수 없는 분야가 개발 사업이기 때문이다.

　이 과정에서 청산금 및 추가분담금도 예측해야 한다. 관리처분 계획 고시 이전 단계라도 현장 주변에서 알아볼 수 있는 정보를 바탕으로 어느 정도 예상치를 잡는 것이 중요하다. 단지 규모와 일반 분양 비율은 이보다 훨씬 전 단계에서 체크해야 할 부분이다. 일반적으로 단지 규모가 크고 일반 분양 비율이 높으면 사업성이 좋은 것이 사실이다. 다만 그 장점이 투자액 상승이나 조합원 간 의견 마찰을 불러올 수 있기 때문에 객관적인 시각으로 접근해야 한다.

　사업 일정이 빨라지고 있다면 아파트 브랜드(시공사)와 이주비 규모도 중요하다. 조합원 명의 이전 시 이주비 승계 여부도 당연히 알아봐야 하는 항목이다. 관리처분인가 후 매도할 것인지 입주할 때까지 보유할 것인지도 이때 결정해야 한다. 대지지분 비율이 낮은 재개발 특성상 신축 아파트를 분양받을 때 분담금이 높아질 수 있다. 단독, 다세대, 다가구, 상가, 빌라인지에 따라 평가 금액이 달라지기 때문에 투자할 때 유의해야 하고 권리 분석을 통해 감정 평가액 순서를 파악해야 한다. 평형을 배정받을 때 불리한 요소로 작용할 수 있기 때문이다.

　결론적으로 시세 차익을 목적으로 하는 투자자라면 사업 초기에 지분에 투자하는 편이 좋고 입주 목적이면 평가액과 비례율이 공개된 후에 매입하는 편이 안전하다. 특히 지분 시세는 평가액과 비례율이 공개되기 전에 정점을 찍는 경우가 많다는 점도 알아둬야 한다.

서울 시내에만 재개발 사업지가 150곳가량이다. 지방에서는 재건축보다 재개발을 통한 아파트 공급 비율이 높다. 따라서 재개발 시장은 여전히 관심을 놓지 말고 지켜봐야 할 큰 투자처다. 개인적으로 볼 때는 5년 정도의 중장기를 바라보는 투자로서 매력적이다. 신규 공급이 제한적인 대도시일수록 재개발 단지가 시장에 나왔을 때 분양 성공률이 높지만 기본적으로 시장 상황과 사업 추진 속도가 맞아떨어지는지가 가장 중요하다.

랜드마크 단지로 재변신

청량리역롯데캐슬 SKY-L65(청량리4구역 재개발단지)와 인근 동대문 용두5구역을 재개발한 e편한세상 청계센트럴포레, 1386가구의

개략적인 주택재개발 사업 진행 과정
1.기본계획수립(기초조사 · 공람) → 2.정비구역지정(도시계획위원회 심의) → 3.추진위원회구성 → 4.조합설립(인가) → 5.사업시행인가 → 6.관리처분계획(매도청구·이주·철거) → 7.착공 → 8.분양 → 9.사업완료(준공인가·등기·조합청산 및 해산)

증산2구역, 현대힐스테이트 녹번역, DMC SK뷰, 푸르지오써밋 등이 시장 반응이 좋다. 기본적으로 서울 아파트 가격이 상승 중인데다 도심권 입지로는 뛰어난 편이기에 랜드마크 역할도 기대된다.

수도권에서는 부천과 인천 지역을 좀 눈여겨볼 필요가 있다. 곳곳에 매우 저평가된 재개발 사업지가 있고 규제 정책에서 벗어난 지역이 많은데다 최근 교통망이 좋아져 출퇴근이 편리해지면서 수요가 많이 늘고 있기 때문이다.

2019년에는 정부의 고강도 재건축 규제 때문에 재개발 시장이 상대적으로 풍선 효과를 누릴 가능성이 있다. 시장이 과열 양상을 띠면 또 다른 추가 규제 방안이 틀림없이 나올 것이기 때문에 현재 규제 지역 외의 알짜 주거 지역을 선정해 선점 투자하는 것도 나쁘지 않을 듯하다.

신도시 아파트,
어떻게 될 것인가?

• 1기 신도시 인기 상승세 주춤할지도
• 위례·판교신도시가 2019 부동산 시장 이끈다

지금 우리는 2기 신도시가 조성되는 시대에 살고 있다. 그런데 최근 수도권 부동산이 들썩일 때 새로 조성됐거나 조성 중인 신도시보다 90년대 후반부터 개발된 1기, 1.5기 신도시가 더 주목받는 것을 목격했다.

집값 상승의 주된 이유가 공급 부족이라는 걸 뒤늦게 깨닫고 3기 신도시 계획을 발표했지만 해당 지역 토지 가격만 오를 뿐 주택 시장에 미치는 영향은 별로 없는 것 같다.

이처럼 신도시 분양 시장이 과거에 비해 조용한 것은 기본적으로 수요가 서울에 많이 몰려 있기 때문이다. 또 신도시 특성상 주

2기 신도시 개요

신도시명	위치	가구수	잠재 인구	부지 면적
성남판교	경기 성남시 일원	29,000	88,000	9.2㎢
인천검단	인천시 서구 일원	92,000	230,000	18.1㎢
위례	송파구,성남시,하남시 일원	46,000	115,000	6.8㎢
김포한강	경기 김포시 일원	59,000	165,000	11.7㎢
화성동탄1	경기 화성시 일원	41,000	124,000	9㎢
화성동탄2	경기 화성시 일원	111,000	278,000	23.9㎢
고덕국제화	경기 평택시 일원	54,000	136,000	13.5㎢
양주	경기 양주시 일원	59,000	165,000	11.4㎢
광교	경기 수원시 일원	31,000	78,000	11.3㎢
인천송도	인천시 연수구 일원	104,000	265,000	53.3㎢
아산	천안시 불당동	61,000	156,000	21.3㎢
대전도안	대전시 유성구 일원	23,000	64,000	6.1㎢

거 인프라와 교통 여건이 더디게 갖춰지기 때문에 실제로 거주하면 처음에는 불편하리란 사실은 물론 부동산 가치도 예상보다 늦게 상승한다는 걸 사람들이 알고 있기 때문이다.

서울 집값이 2017년부터 많이 오르는 동안 열기가 수도권에도 옮겨 붙었다. 그런데 동탄2신도시나 고덕국제도시 등으로 옮겨 갔다기보다는 분당, 중동·상동, 일산 등 1기 신도시가 더 뜨거워지는 결과로 이어졌다.

사람들이 새로 지은 아파트 숲을 선호하는 게 아니라 교통, 주거환경, 서울 근접성이 높은 곳을 선호하며 그곳의 집값이 올라간다는 사실을 보여주고 있다. 특히 7호선과 신분당선 등을 이용하면 서울로 출퇴근하기 용이하다는 점이 실수요자들에게 대체 주거지로서 큰 만족감을 준 것으로 보인다.

다만 2019년에도 일산, 분당, 중동·상동, 평촌 등 최근 두각을 나타낸 1기 신도시의 상승세가 그대로 이어질지는 미지수다. 이곳은 업무 벨트가 형성되지 않은 전형적인 배드타운 도시다. 그리고 아파트 노후화도 심해지고 있고 거주 연령층이 높아진 상황이다. 서울과 달리 재건축 진행 속도도 빠른 편이 아니다.

판교신도시

오히려 2019년에는 판교신도시와 위례신도시의 날갯짓이 더 기대된다. 앞의 1기 신도시와 비교했을 때 서울 접근성이 더 좋고 사회활동을 하는 인구의 거주 비율이 높으며 테크노밸리, 법조단지 등 오피스 타운과 가까워 직장인 수요층이 풍부하다는 장점이 있다. 판교신도시는 이미 수도권의 대표 부촌으로서 인지도가 있고 서울과 분당으로 이동하기 편리한 입지이며 우수 학군 수요가 많아 완만한 상승이 예상된다.

위례신도시

위례는 3.3제곱미터당 2000만 원 이하로 예상되는 분양가가 최대 장점일 듯하다. 현재 주변 시세가 3.3제곱미터당 3000만 원을 넘어가는 단지도 있어 차익이 클 것으로 보이는데 위례신도시에서 행정 구역상 서울에 속하는 송파구 구역 단지는 청약 물량의 50퍼

위례신도시에서 분양되는 주요 아파트

위치	단지	규모	시공사	분양 시기
경기 하남시 학암동	위례포레자이	559채	GS건설	12월
경기 하남시 위례동	힐스테이트북위례	1078채	현대 엔지니어링	
서울 송파구 장지동	위례신도시 리슈빌	502채	계룡건설	
서울 송파구 장지동	위례 호반베르디움 3차	690채	호반건설	내년 상반기 (1~6월)
서울 송파구 거여동	위례 호반베르디움 5차	709채	호반건설	
경기 하남시 학암동	위례 우미린 1차	877채	우미건설	

자료: 각 건설사

센트를 서울 1년 이상 거주자에게 우선 배정한다. 나머지는 서울 1년 미만 거주자와 경기·인천 주민에게 돌아간다. 경기 하남이나 성남을 주소지로 하는 단지는 해당 시(市)에서 1년 이상 거주한 사람에게 30퍼센트를, 경기도에서 6개월 이상 거주한 사람에게 20퍼센트를 배정한다. 나머지 절반은 경기도에 6개월 미만 거주한 사람과 서울, 인천 시민에게 배정된다.

위례신도시는 서울, 경기 하남, 경기 성남 등 서로 다른 3개 행정구역으로 구성되었으므로 지역별 우선 배정 비율에 따라 당첨 확률이 크게 달라진다. 당첨된다면 강남 인기 재건축 아파트 이상으로 시세 차익이 클 것으로 예상되기 때문에 높은 청약 가점을 가진 사람들이 대거 몰릴 것이 확실시된다. 위례신도시는 공공택지에 조성됐기에 분양가가 낮은 대신 전매제한 기간이 최대 8년까지 늘어난다. 정부는 지난 9·13 대책을 통해 수도권 분양가 상한제 주택의 전매제한 기간을 늘렸다. 주변 시세 대비 분양가가 70퍼센트 미만이면 전매제한 기간이 8년이다. 70~85퍼센트는 6년, 85~100퍼센트는 4년, 100퍼센트 이상은 3년 등이다. 공공분양주택에는 최대 5년의 거주의무 기간도 둔다.

동탄신도시

동탄2신도시는 2016년부터 단기간에 물량이 집중되면서 현재 가격 조정기를 거치고 있다. 다만 분양 가격이 수도권 남부 중 저평가돼 있다는 주장도 있다. 분양 물량이 입주 물량으로 전환되면서 점차 소진됨에 따라 가격 상승 여력이 생길 가능성도 높다. 2018년에도 남쪽으로 치우친 지역은 고전하겠지만 KTX·GTX 동탄역과 멀리 떨어져 있지 않은 단지는 GTX 개통이 가까워지면서 재평가될 가능성이 있다. 동탄역세권 '롯데타운' 주상복합은 뛰어난 교통 여건이 이미 바탕이 돼 있기 때문에 분양 공급이 시작되면 이슈가 될 만하다.

고덕국제신도시

고덕국제신도시는 삼성산업단지라는 엄청난 호재를 등에 업고 2017년 3월에 분양한 '제일풍경채'가 평균 84대 1을 기록하는 등 초반부터 기세를 올렸다. 당초 우려와 달리 세종시나 동탄에 투자해 성공을 거둔 사람들이 평택 아파트에 손을 뻗치기도 했다. 이후 분양 시장에서 고덕국제신도시 자연&자이(28.77대 1), 고덕 파라곤 (49대 1) 등이 기록적인 청약률을 보이며 부동산 시장의 다크호스로 떠올랐다. 2019년부터는 입주가 시작되면서 점차 도시의 모습

을 갖출 예정이다. 청약 조건이 까다로워 1순위에 당첨되려면 세대
주와 세대원이 무주택자이면서 청약통장에 가입한 지 1년 이상, 12
회 분납을 지켜야 한다. 그래서 실수요자들이 꾸준히 몰리고 있다.

세종시

8·2 대책 발표로 투기지역으로 묶인 세종시는 대전 등 인근 도시
에서 이주하는 수요, 수도권에서 내려오는 수요, 학군 수요 등 다
양한 실수요층이 관심을 갖는 곳이다. 세종시 구석구석을 잘 모르
더라도 일단 행정 기능과 특별계획구역을 갖춘 1-1~1-5생활권과
대형 복합 상권이 조성되는 2-4생활권을 중심으로 하는 2-1~2-4
생활권 중 선택해야 하는 것은 누구나 같다. 2018년부터는 터미널
과 금강, 세종시청을 중심으로 3-1~3-3생활권에 많은 가구가 입
주한다.

분양 가격과 보유 자금에 따라 매입 목적이 달라지겠지만 세종
시 아파트는 BRT와 청사, 금강, UEC(2-4생활권 복합 상권)를 근거
리에 두는 것이 유리할 것이다. 이렇다 할 학군 목적의 단지가 아
직 자리 잡지 못한 가운데 주변 경관과 직주 근접, 백화점 등 상업
시설 이용 측면에서 아파트의 우열이 가려질 가능성이 높기 때문
이다. 물론 순수하게 주거 환경을 염두에 둔다면 종촌동이나 아름

동의 저렴한 매물을 알아보는 것도 좋은 전략이다.

송도신도시

좀 더 서울과 가까운 신도시를 원한다면 인천 송도신도시를 적극 추천한다. 송도국제도시의 아파트 가격은 2016년 초를 기준으로 반등해 앞으로 공급되는 신규 단지는 3.3제곱미터당 1400만 원선이 기준이 될 것으로 보인다. 또 6공구와 8공구, 11공구는 모두 바다 조망이 가능한 곳에 접해 있어 향후 선호도가 높아질 지역이다. KTX와 GTX로 서울로 출퇴근할 수 있어 접근성이 좋기 때문에 가치 투자처로서도 괜찮다.

서울 지역 아파트에 대한 관심이 높다 보니 신도시 주택 시장을 실수요자 시장으로 평가절하하는 분위기가 분명 있다. 그러나 장기적으로는 신도시 아파트 가격도 서울 외곽 가격 수준까지 오를 것이고 인구 증가율이 떨어지는 2030년 전까지 가격 상승세도 꾸준히 이어질 것으로 보이기 때문에 꼼꼼히 접근한다는 생각으로 추이를 지켜보는 것이 좋겠다. 일부 신도시는 서울 집값 상승의 후광을 받아 그에 못지않게 오를 잠재력을 충분히 갖추고 있다.

다세대·다가구 주택 시장
어떻게 될 것인가?

- 아파트 대체 주거지로 재조명 받는다
- 임대사업 유망하고 신도시 단독주택은 부촌 지역 성장

연립·다세대·다가구 주택 시장은 오랫동안 아파트의 하위 거주 수단으로 인식돼 왔다. 실제로 매매 가격이 아파트보다 낮고 환금성이 떨어지며 인근 주거 환경도 상대적으로 좋지 않다는 선입견이 지배적이다. 그런데 다세대, 다가구 주택에 투자해서 돈을 번 케이스도 많다.

강북에서 부동산 중개업소를 운영하고 있는 황모 씨는 오래 전 알고 지낸 지인이 서초구 양재동에 빌라를 지어 돈을 번 일만 생각하면 배가 아프다. 양재동 꽃시장 맞은편 주택 단지는 10년 전만 해도 지금처럼 조명받지 못했다. 노후된 주거 단지로만 알려져 있었다. 하지만 지인은 이곳에 250제곱미터의 땅을 사서 16가구짜리 집을 지었다. 투자 금액은 땅값과 공사비 등을 합해 19억 원이었다. 당초 목적은 단기간 내에 분양하는 것이었지만 전세 수요가 넘치는 데 비해 분양은 잘 되지 않았다.

이에 지인은 1가구당 보증금 2000만 원, 월세 70만 원에 임대를 놓았다. 66제곱미터짜리를 1억8000만 원에 분양할 수 있었지만 몇 달이 지나자 생각이 달라졌다. 월세로 돌렸을 때의 수익률이 생각보다 매우 높다는 것을 알게 된 것이다. 매월 1100만 원의 월세를 받으면 임대 수익률이 7퍼센트 안팎이므로 주택 수익률로서 부족함이 없었다. 게다가 신분당선이 2011년에 개통하면서 대박이 났다. 지하철에서 도보 7분 거리에 위치한 이 빌라에 들어오려는 직장인과 신혼부부가 늘어나 월세를 올릴 여건이 됐다. 지인은 16가구 중 10가구를 각각 2억5000만 원에 분양했다. 나머지는 매월 85만 원씩 세를 받고 있다. 현재 주변 시세는 전세 2억 원대 후반에 매매 시세는 3억 원이 넘는다.

2018년 1만5000건 가까이 거래

국토교통부에 따르면 2018년 1월부터 10월까지 전국 연립·다세대 거래 건수는 9201건이었다. 단독·다가구 주택은 5425건 거래됐다. 서울에서는 연립·다세대 2585건, 단독·다가구 493건이 거래됐다. 흔히 빌라 시장으로도 불리는 다세대 다가구 주택 시장은 아파트보다 가격이 저렴한데다 거주 여건, 입지가 괜찮은 곳도 많아 실수요자 매수세가 이어지는 모습이다.

앞에서 언급된 예처럼 적당한 부지를 매입해서 직접 건축하고 분양 혹은 임대해서 차익을 얻는 방법은 도심권에서 흔히 볼 수 있는 투자 형태다. 또 전세난이 심화되면서 아파트 전세값이 치솟아 상대적으로 저렴한 빌라, 다가구주택에 신혼부부 등의 수요가 몰렸다. 눈높이를 낮춘 전세 세입자 계층이 대거 이 시장으로 모여든 것이다. 이들은 상대적 도심 저소득층에 속하는데 1억~2억 원으로도 서울, 수도권 혹은 지방 광역시의 역세권이나 중심 지역에 집을 장만하거나 전세로 세입하기 때문에 부동산 거래에서 가장 많은 비중을 차지한다.

최근에는 입지가 좋은 역세권 인근 신축 빌라가 많아진데다 일부는 아파트와 다름없이 설계해 실수요자의 구미를 자극하고 있다. 엘리베이터를 설치하고 복층 구조로 설계하는 곳 역시 늘어나는 추세다.

통상 빌라 분양가는 서울 지역 기준으로 방 2칸(전용면적 30~40제곱미터)짜리가 1억3000만 원에서 2억 원선, 방 3칸(전용면적 60~70제곱미터)은 2억1000만 원에서 2억8000만 원 수준이다. 강남권이라고 해서 아주 특별히 비싸지도 않다. 따라서 주거환경이 뛰어나고 출퇴근이 용이하며 학군이 양호한 지역의 빌라나 다세대주택을 직접 매입해 시세 차익을 노리는 수요가 늘었다. 덩달아 분양 시장도 활기를 띠는 모습이다.

현재 서울에서는 강서구나 송파구, 은평구 등 노후주택 밀집 지역에 신축 빌라 공급이 몰리고 있다. 재개발이나 뉴타운 계획이 취소된 곳에도 대단지 아파트를 짓지 못하는 대신 다세대와 연립주택을 신축하는 물량이 늘어나고 있다.

주거 환경이 뛰어날수록 투자 가치가 높다

주거 환경에 대한 관심이 높아져서 2019년에도 공원과 가까이 위치한 곳이나 한강변이 빌라 투자 유망 지역으로 분류될 가능성이 높다. 서울에서는 성동구나 마포구, 동작구가 그런 면에서 매력적이다. 대규모 재건축 이주를 앞둔 강남 3구 역시 이주 수요가 몰릴 때 빌라가 인기를 끌 수 있으므로 시세 차익을 볼 가능성이 있다. 수도권에서는 지하철 개통으로 출퇴근 여건이 개선되는 용인 수지, 하남 미사 등이 관심 지역으로 꼽힌다.

빌라뿐 아니라 다가구주택 수요도 몰릴 전망이다. 원룸 건물로 익히 알려진 다가구주택은 주인이 여러 명인 빌라(연립·다세대주택)

와 달리 집주인 한 명이 소유한 주택이다. 세대별 소유 구분이 없고, 여러 방으로 쪼개 월세 수익을 얻는 대표적인 수익형 부동산이다. 통상 20억 원에서 40억 원 정도를 투자해 연 4~6퍼센트의 수익률을 거두는데 학생과 직장인이 많은 대학가, 학원가, 오피스 단지, 고시촌 등에 밀집해 있다.

이런 지역은 비교적 큰 금액을 투자하는 대신 임대료 시세가 높은 편이기 때문에 안정적이고 높은 임대수익을 거둘 수 있다는 게 장점이다. 최근 투룸, 쓰리룸형을 배치해 다양한 가구를 타깃으로 삼는 비율도 늘었다. 서울뿐 아니라 수도권 전역에 걸쳐 원룸 매매가 잦은데, 최근에는 중국인, 러시아인이 국내에 많이 들어오면서 인천, 안산, 시흥 지역 공단, 대학교 주변 원룸의 상당수를 차지하고 있다. 이들을 대상으로 한 임대 사업도 전망이 밝은 편이다.

빌라나 도시형 생활주택 등이 몰려 있는 서울 강동구, 관악구, 은평구 등지에서는 몇 년 전부터 다가구 주택 건축 붐이 일었다. 블록마다 신축 공사가 여러 곳 진행됐고 인접한 2개 부지를 통합 개발하는 형태도 유행처럼 번졌다. 고시원 주인들이 노후된 고시원을 허물고 다가구주택을 짓기도 했다. 외부 투자자가 적당한 부지를 매입해 직접 건축한 뒤 각 세대별 임차 계약을 완료한 다음에 통 매각해 이익을 남겼다.

이런 다가구·원룸은 대개 건물 지번은 있지만 동호수 등 세부

주소가 없다. 또한 저소득층이 세입자인 경우가 많아 보증금이 대부분 1000만 원을 넘지 않는다. 따라서 후순위 권리자보다 보증금을 우선 변제받을 수 있는 확정일자를 받는 세입자가 많지 않았다. 소득공제를 신청하는 비중도 높지 않아 그동안 집주인들은 대부분 임대소득세를 내지 않았다.

외국인 상대 임대 사업 유망

하지만 두 채 이상 소유했다면 앞으로 2년의 유예기간이 끝난 뒤부터 세금을 내야 하고 건강보험료, 연금도 덩달아 늘어난다. 또한 국토교통부가 현재는 사실상 전무한 다가구주택 관련 통계를 구축하겠다고 밝힌 상황이다. 이런 점을 고려할 때 빌라나 다가구주택에 투자하려면 임대료가 상승할 가능성이 있는 지역에 주목하는 것이 좋다. 서울에서는 지식산업센터(아파트형 공장)가 몰리고 있는 성동구, 산업단지가 들어서는 강서구 마곡지구 인근이 관심 지역이다. 수도권은 공단 인근으로 외국인이 몰려드는 인천 연수구, 남동구나 경기 시흥시 등을 눈여겨볼 만하다.

임대소득 과세와 관련해서는 이미 알려진 대로 한 채만 소유했다면 자진 신고하지 않는 이상 납부 의무가 없다. 두 채를 소유했더라도 연소득이 2000만 원을 넘지 않으면 분리과세 대상이 돼 1년에 최대 56만 원까지만 소득세를 납부하면 되기 때문에 수익률이 급격하게 하락하지는 않는다.

빌라·다세대주택이나 다가구주택을 매수하려 한다면 투자 목표를 명확히 하는 것이 중요하다. 현재 국내 주택 월세 시장 중 절반 이상이 다가구주택, 즉 원룸에 집중돼 있다. 그뿐 아니라 면적 대비 투자수익을 놓고 보면 여전히 소형 주택인 원룸의 수익성이 높은 것도 사실이다.

최근 전세난으로 투룸 수요가 늘어난 것은 맞지만 면적이 넓어진다고 이에 비례해 임대료가 높아지는 것만은 아니다. 다세대 주택이나 빌라의 월세 수익률이 생각보다 만족스럽지 못할 수 있다는 얘기다. 따라서 실수요, 실거주 목적이라면 빌라나 다세대 주택에 눈을 돌리는 것이 합리적이고, 임대수익이 목적이라면 오피스텔이나 원룸(다가구주택)에 관심을 갖는 편이 좋다.

신도시 단독주택 인기

신도시 단독주택지를 매입해 상가주택이나 일반주택을 건축하는 것도 요령이다. 본인이 거주하면서 나머지 가구를 임차해 수익을 올릴 수 있다. '이주자택지' 또는 '협의양도인택지'라고 불리는 단독주택용지는 용도에 따라 3, 4층까지 지을 수 있는데 본인이 거주하는 면적을 제외한 나머지를 전세나 월세로 돌릴 수 있다. 이때 2,3층을 투룸이나 원룸으로 쪼개거나 한 개 층 전체를 전세나 월세로 임차하면 빌라나 다가구주택이 되는 식이다.

신흥 부촌으로 불리는 서판교는 전용면적 45~66제곱미터대 투룸형 빌라 전세값이 1억6000만~2억 원 수준이다. 99제곱미터대 단독층 전세는 3억2000만~3억8000만 원에 달한다. 월세는 전용면적 99~132제곱미터 규모 방 3개, 화장실 2개 구조 단독주택을 기준으로 보증금 1억~2억 원, 월 임대료 300만~400만 원에 이른다. 기대투자수익률은 연 3~4퍼센트대다.

다가구주택을 매입해 임대 사업을 할 생각이라면 최근 공급이 집중된 지역이나 신축이 유행처럼 번지고 있는 지역은 피하는 것이 좋다. 또한 최근 고시촌 인기가 시들해지는 추세인데다 대학 캠퍼스가 이전해 학생 수가 줄어드는 곳도 많은 만큼 외부 변수도 꼼꼼히 따져봐야 한다.

아울러 대출 비중과 주변 임차 시세 등을 고려해 보증금 대비 월세 비율을 적정하게 설정해야 하고 임차 관리에도 신경 써야 한다. 건축물 대장을 꼼꼼히 살펴 대장상의 세대수와 실제 세대수가 일치하는지, 세대수를 늘리려고 불법으로 증축했는지도 꼭 확인해야 한다. 임차인이 여럿이라 증·개축이 빈번하기 때문이다. 불법 베란다 증축 때문에 과태료를 낸 사례도 있으니 유의해야 한다.

실거주를 목적으로 한 빌라든, 임대수익을 목적으로 한 다가구 주택이든 아파트 단지 수준의 편의시설이 없고 방범에 취약하다는 점은 공통적인 불편 사항이다. 또한 노후화된 건물은 추후 하자보수 비용이 많이 들고 임차인을 구하기 어려워 수익률이 하락할 수 있다는 점도 염두에 둬야 한다. 따라서 기반시설이 잘 갖춰져 있고 유지·보수할 곳이 많지 않은 매물을 선택해야 한다. 혹은 매입한 후 빠른 시간 내에 수리 및 보수를 하고 월세를 더 받아 이를 만회하는 것도 좋은 방안이다.

몇 년 전부터 리스크를 줄이려고 두세 명이 같이 부지를 사서 집을 짓고 월세를 받는 사업을 꿈꾸는 경우가 크게 늘어났다. 주택을 담보로 은행에서 저리 자금을 융통해 건축 비용을 대고 150제곱미터 안팎의 땅을 사서 리모델링이나 신축을 한 뒤 보증금으로 대출 상당 부분을 갚고 매월 500만 원에서 600만 원의 월세를 받는 투자자가 주변에도 의외로 많이 있다.

주변 환경이 괜찮다면 상층부는 빌라나 원룸으로 임대하고 1층은 카페나 음식점으로 비싸게 세를 줄 수도 있다. 다가구 주택을 근린생활시설로 리모델링하는 것이다. 공사와 설계비용을 어느 정도 들이면 월 200만 원에서 300만 원 정도의 월세를 상가임대 수익으로 벌어들일 수 있다. 다만 이때 주변 상권을 잘 살펴야 한다.

빌라 시장은 아파트에 비해 조명을 덜 받지만 그 안에서도 매수자들은 높은 수익률을 올릴 수 있고 임차인은 입지 좋고 저렴한 주택을 고를 수 있다. 아직 수도권에 입지만큼의 대접을 못 받고 있는 저평가 지역이 많은 편이다. 나중에 가격 상승이 기대되는 부분이다. 아파트 공급이 부족한 지역이라면 대안 투자로 눈을 돌려 보는 것도 좋을 것 같다.

부산, 대구, 광주 지역 아파트 어떻게 될 것인가?

- 수요 정체로 강한 상방 폭발력 보유한 지방 광역 도시
- 규제 지역, 개발 여건 확실히 고려해야

아무리 서울 집값이 많이 올랐다지만 지난 수년간 지방 광역 도시들의 약진 또한 만만치 않았다. 언론에서 자주 들먹이지 않아서 상대적으로 관심을 덜 받았지만 말이다.

대구, 부산, 광주, 대전. 이 네 도시 모두 도심권 주택 노후화가 심하고 오랫동안 신규 아파트 공급이 원활하지 못해 수요가 억눌려 왔다. 또 지방 부동산을 선호하는 일부 투기 세력이 여기 저기 몰려다니면서 시세를 올려놓은 것도 사실이다.

수요가 억눌리면 강력하게 위쪽으로 압력을 주고 이것이 외부 요인과 맞물리면 걷잡을 수 없이 강한 폭발력을 얻는다. 저소득자

나 20~30대는 저렴하고 작은 아파트를, 작은 아파트에 사는 사람은 새로 지은 큰 아파트를 꿈꾼다. 이런 수요가 모여 가격에 영향을 준다.

대도시에서 집을 소유한다는 것은 여러 의미가 있다. 주거 수단, 임대 수입의 수단이면서 막강한 재테크, 즉 시세 차익 실현의 수단이기 때문에 이런 소유 욕구는 수급을 조절해 어느 정도 관리해주어야 한다. 욕구가 관리되지 않으면 아파트 분양 현장마다 장사진이 생기고 자고 나면 수천만 원씩 오른다. 그러면 무주택자의 내집 마련이 어려워진다.

2010년대 들어 부산, 광주, 대구, 대전의 분위기가 딱 그랬다. 먼저 된 자가 나중 되고, 나중된 자가 먼저 된다고 주부층이 부동산에 눈을 뜨면서 재테크 고수가 되었고 외부 투자자까지 섞이면서 분위기가 달아올랐다. 분양 홍보관이나 투자 설명회장은 사람들로 넘쳐났고 아파트 단지는 최고 청약률을 연달아 갱신했다. 미분양으로 고전하던 일부 수도권의 배드타운 신도시보다 훨씬 사정이 나았다.

광주, 대전의 약진에 전문가도 놀라다

강력한 규제 드라이브가 걸리면 2017~2018년 지방 부동산 시장이 상당히 위축될 것이라고 예상하는 전문가가 많았다. 그런데 반대였다. 서울 집값만 오른 것이 아니라 지방 도시도 대부분 올랐다. 규제 지역으로 확정된 부산 연제, 수영, 동래, 해운대구와 대전 둔산동, 도안동, 대구 수성구와 중구, 광주 봉선동, 화정동의 아파트가 유례없는 호황기를 누렸다.

이 중 광주와 대전의 약진에 업계가 많이 놀랐다. 인구가 증가할 유인이 없고 전문가와 언론조차 거의 언급이 없었을 정도로 이슈가 없던 이곳이 2017년과 2018년에 가장 뜨거운 지방 도시가 됐다. 일각에서는 대전과 광주가 정부 규제에서 벗어나 있어서 이 지역 매물을 입도선매한 세력이 조종한 왜곡 시장으로 보고 있다.

하지만 광주 봉선동 일대 아파트가 40~50평대의 경우 11억 원부터 12억 원에 달하기도 하고 대전 도안지구 아파트가 3~4개월 사이 1억 원 가까이 오르는 등 가파른 오름세의 이면에는 역시 연간 5000가구 미만밖에 공급이 안 된 부족한 분양 물량과 이 때문에 상대적으로 많아진 대기 수요가 있었다. 신규 아파트 수요가 몰려서 이들이 뜻밖에 가격을 상승시키자 투자자가 추가로 몰리면서 급등세가 만들어진 것이다.

이런 현상은 정부가 특정 지역을 규제 대상에 넣어 강하게 압박하는 바람에 사각지대를 찾아 나선 사람이 몰려든 까닭도 있을 것이다. 아직 대전이나 광주는 아파트 중위(평균) 가격이 1억 원대이고 저평가 단지가 많기 때문이다.

하지만 냉정히 말해 앞으로 입주 물량이 늘어나고 분양가가 상승한다면 현재의 열기가 이어질 만큼의 소재는 부족해 보인다. 지난 몇 년간 지방 도시 중 단연 두각을 나타내던 부산 주택 시장도

부산 지역 주요 개발 계획

구분	사업명	사업기간	사업비
서부산	부산신항	1995년~2020년	16조2830억
	명지국제업무도시	2003년~2020년	2조9000억
	에코델타시티	2012년~2020년	5조4300억
	부산진해경제자유구역	2003년~2020년	9조4000억
	사상 스마트 시티	2010년~2020년	4400억
	김해신공항	2016년~2026년	4조1700억
	연구개발특구	2012년~2024년	4조1000억
	가덕도 종합개발	2009년~2032년	2조5000억
	둔치도 생태공원(백만평)	2016년~2025년	1조
중부산	북항재개발 사업	2008년~2019년	8조5000억
	부산역종합개발계획	2013년~2023년	9614억
	55보급창 수변공원	~2030년	
동부산	일광신도시	2013년~2018년	5869억
	오시리아 관광단지	~2017년	4조~5조
	반여도시첨단산업단지	2019년~2022년	1조5000억

공급 가격이 많이 오르면서 입지별 온도차가 커지고 있다.

부산은 2018년 들어 지표상의 시장 분위기가 그리 좋지 않다. 인허가, 거래량, 가격 모두 2017년에 비해 떨어졌다. 자동차와 조선업의 침체로 부산, 경남 지역 경제 전망이 밝지 않고 이미 경남 전역에 가격 하락세가 심화되는 중이니 부산이라고 언제까지나 홀로 탄탄대로일 수는 없었겠지만 조정대상지역에 들어 있는 지역은 대출 규제가 강해지면서 실수요자마저 움직이기 힘든 상황이 됐다.

부산과 대구는 규제와 상관없이 오르는 강남이 아니다. 어떻게 보면 서울 변두리보다 주택 시장의 팬더멘털이 강하다고 보기 힘들다. 2010년대 초중반 제주가 그랬듯 달아오른 시장도 언젠가 제자리를 찾아가는 게 주택 시장의 순리다. 수년간 쉼 없이 달려온 부산이나 대구 지역 부동산 시장 역시 어쩌면 잠시 숨을 고를지도 모른다.

지방 부동산 규제 풀릴 가능성 염두에 둬야

사실 부산은 북구, 사하구, 강서구, 사상구를 포함한 서부산이 제조, 항만, 공항, 연구개발 단지로 새롭게 탈바꿈할 가능성이 높다. 부산 교통인프라 투자 역시 상당 부분이 서부산에 집중돼 있다. 부동산 역시 고른 발전 가능성이 있어 주목된다. 저점에 투자하라는 원칙에 따르면 지금은 한창 뜨는 대전이나 광주보다 오히려 다시 부산을 주목해야 할 때인 듯하다.

대구는 대구의 강남이라 불릴 만큼 재건축이 활발하게 진행 중인 수성구와 신흥 아파트촌으로 불리는 중구 남산동 등이 규제에 묶여 있다. 이에 달서구를 비롯해 규제 지역 외에도 아파트 공급이 늘고 있다. 2019년에는 가파르게 상승하기보다 완만하게 안정을 찾아 가는 흐름이 될 것이다.

2018년 전국의 평균 아파트 청약 경쟁률은 15.30 대 1 수준이지만, 대구는 43.95 대 1로 대전(171.63 대 1) 다음으로 높았다. 반면, 부산은 2017년에는 44.75 대 1의 청약 경쟁률을 보이며 위세를 떨쳤지만 2018년에는 9.45 대 1로 경쟁률이 크게 낮아졌다. 부산 지역보다 대구와 대전 지역 분양 시장이 일단 우세를 잡아 가는 모습이지만 '수도권 주택 시장을 안정시키려다 지방만 잡는다'는 비난을 받은 정부가 지방 부동산 규제를 대폭 완화한다면 도시별 부동산 지형은 크게 바뀔 수도 있어 예의주시할 필요가 있다.

2019년을 주도할
아파트는 어디인가?

• 신규 분양 단지 열기 뜨거울 것
• 주요 대도시 아파트 시장 대체로 긍정적

    정부가 연일 부동산 투자자와 보유자에게 경고를 보내고 있지만 여전히 저금리 기조라 유동 자금은 풍부하고 '서울 불패'를 재확인한 투자 수요가 많아 2019년에도 아파트 시장이 오름세를 탈 수밖에 없는 분위기다. 다만 수도권에 입주 물량이 집중되는 등 지역별로 양극화될 가능성이 있기 때문에 주택을 구입할 때는 정확한 시장 정보를 취득하고 꾸준히 매물을 체크해야 한다.

    사실 우리나라의 아파트 시장은 다른 유형의 부동산 시장에 비해 역사가 길고 나름대로 축적된 데이터가 부동산 정보 업체에 보편적으로 널리 퍼져 있다. 요즘 웬만한 시세, 매물 정보는 인터넷

검색만으로도 얻을 수 있고 뉴스 기사만 찾아봐도 해당 지역 아파트 시장에 대한 정보를 꽤 깊이 있게 취득할 수 있다. 관심 있는 단지 주변의 중개업소를 가면 호가, 실거래가, 거래 현황, 주변 동향을 속속들이 전해 들을 수 있다.

즉, 특정 지역의 특정 단지 정보와 같은 개별적이고 각론적인 자료는 전문가가 아니더라도 웬만큼 알아볼 수 있다. 하지만 부동산 가치 투자와 모멘텀 투자 측면에서의 접근은 다른 문제다. 부동산 투자에서 중요한 것은 '현재'가 아니라 '미래'이기 때문이다. 현재의 정보는 누구나 알 수 있지만 앞으로의 시장을 예측하는 일은 전문가가 할 수 있는 일이다.

단순 정보를 믿지 마라

그런 면에서 2019년 부동산 시장을 주도할 주요 단지를 알아보는 일은 중요하다. 정부 정책을 비롯해 금리 인상, 재건축 규제, 세제 개편안 등 다양한 변수가 고개를 들고 있는 시점에서 단순 정보만 가지고 어떤 아파트를 살지 결정하다가는 패착으로 이어질 공산이 크다.

그렇다면 2019년에는 어떤 신규 단지가 유망할까? 먼저 서울은 대부분의 새 아파트가 재건축과 재개발 사업지에서 공급되기 때문에 재건축·재개발 단지 중 교통과 학군이 좋은 곳이 유망하다. 강남 못지않게 강북 역세권 주요 단지에서도 분양 프리미엄이 많이 형성된다. 그만큼 서울 지역 분양 물량은 여전히 부족하다. 벌써 강남권 3두마차로 불리는 디에이치반포(삼호가든 3차), 개포그랑자이(개포주공4단지), 서초그랑자이(서초무지개)는 초역세권은 아니지만 주요 간선 도로망에 접해 있고 주변 학군이 우수해 입주 프리미엄이 높을 것으로 예상된다.

디에이치반포는 평당 6000만 원 선을 넘어선 서초아크로비스타와 반포래미안아이파크, 반포리체 등 주변 아파트의 시세에 비해 일반 분양가(평당 4500만~4900만 원 예상)가 낮아 수억 원의 프리미엄이 붙을 것이라는 전망이 지배적이다. 2019년 1월에서 2월 사이에 동호수 추첨과 일반 분양에 들어갈 것으로 보이는 개포그랑자이 역시 평당 4000만 원대 분양이 유력하다. 내년에 서울시에 공급되는 재건축 단지 가운데 강남권에서는 유일하게 3000가구가 넘는 대단지이고 일반분양분은 10퍼센트가 안 된다. 최근 강남에서는 84제곱미터 이하 아파트의 당첨 안정권 커트라인을 65~70점 선으로 보고 있다. 서초그랑자이는 강남 오피스타운에 위치해 있다는 것이 장점이다. 주변 상권도 활성화돼 있다. 분양가격과 당첨자 가점 기준선은 개포그랑자이와 비슷할 것으로 보인다. 청담역 초역세권에 자리 잡은 상아2차아파트도 정확한 분양 일정이 나오면 위의 단지 못지않은 관심이 몰릴 것이 확실하다.

이들 단지들은 주변 시세보다 2억 원에서 많게는 5억 원까지 저렴해 로또 단지로 불리지만 분양가를 놓고 조합과 이견이 벌어지거나 정부의 분양가 통제로 일정이 연기된 상태다. 바뀐 청약 제도(입주권과 분양권이 주택수에 포함, 추첨제 물량의 75퍼센트를 무주택자에게 부여) 역시 변수가 될 수 있는 만큼 청약 조건에 부합하는지를 잘 따져볼 필요가 있다. 청약 점수가 부족하다면 추첨제를 실시하는 85제곱미터 이상을 노려보는 편이 나을 수 있기 때문이다.

비강남권도 '블루칩'으로 꼽히는 단지가 꽤 있다. 사당3구역 푸르지오는 주변 시세가 84타입 기준으로 11억~13억 원에 이르고 있어 업계의 예상대로 2900만 원대에 분양될 경우 입주 프리미엄이 3억 원에 달할 것이 분명하다. 수색·증산 뉴타운의 노른자위로 불리는 수색9구역 DMC SK뷰와 증산2구역 자이도 DMC 업무타운과 수색역세권 개발 호재가 있어 주목받고 있다. 청량리 역세권에 위치한 청량리 롯데캐슬 SKY-L65도 65층 랜드마크 주상복합이라는 브랜드 가치가 있고 강남으로 향하는 GTX가 지나가는 만큼 치열한 경쟁이 예상된다.

수도권에서는 주택도시보증공사와 조합 간 분양가에 이견이 있어 2019년으로 연기된 단지가 많다. 위례포레자이, 판교대장지구 힐스테이트, 과천주공6단지자이, 청계센트럴포레 등이 대표적이다. 2019년 상반기, 분양 시장이 다시 고개를 드는 시점에 인기 단지 분양 일정이 집중적으로 몰리면 아파트 가격이 또 한 번 요동칠 가능성이 그만큼 높다는 말이다.

부산, 대구, 광주 지역

지방 부동산에 대한 부정적인 진단이나 전망이 아직도 많이 나오고 있다. 그러나 부산, 대구, 광주 등 광역 도시에 미분양 제로 행진을 이어가고 있는 지역이 많고 주택 공급이 원활치 않아 대기수요가 몰리는 단지도 많다. 광안대교와 맞닿아 있는 '대연비치'(대연4재건축구역)와 남천동에 위치한 삼익타워(남천2재건축구역)는 해안을 조망할 수 있는데다가 인근 집값 상승 요소가 더해져 평당 2000만~2500만 원에 일반 분양가가 형성될 것이라는 예상까지 나오고 있다. 이미 HUG는 부산 해운대·남·수영·연제·동래구를 '고분양가 관리지역'으로 지정해 분양가를 통제하고 있다.

대구 도심권에서 대단지 아파트가 많이 조성되고 있는 중구 남산동 일대에도 4-4구역 하늘채 자이가 분양 예정이다. 대구 중구는 청약조정대상지역이나 투기과열지구에서 빠져 있다. 광주 월산동에 들어서는 광주남구 반도유보라는 광주 중심 상권이나 지하철과 가깝다. 예상 분양가는 평당 900만 원대이고 일반분양 물량은 631세대다.

3
chapter

2019년 수익형 부동산
시장 총전망

01

속고 또 속아도
임대 상품에 돈이 몰리는 이유

• 2010년 이후 각광 받아온 월세 수익 부동산 시장
• 잠재 수요 넘쳐나지만 실패 사례도 많아 신중한 접근 중요

　필자가 부동산 애널리스트로, 특히 수익형 부동산 전문가로 많이 알려진 이유는 누구보다 한국의 임대차 시장에 관심을 두고 많은 통계 작업은 물론 자료 확보에 애썼기 때문이다. 공신력 있는 수익형 부동산 통계가 없다시피 하던 우리나라의 부동산 인프라를 구축하느라 상가와 오피스텔 관련 수치를 모으고 이를 분석하는 작업을 2010년부터 현재까지 꾸준히 해왔다. 그 덕분에 이 시장의 흐름을 누구보다 잘 알고 있다고 자부하고 있다.

　전통적인 월세 상품인 상가는 어마어마한 자영업 시장을 중심으로 상가 주인과 자영업자의 관계를 성립시키는 기본적인 장치로서 기능한다. 나는 처음에는 상가 시장에 접근하면서 부동산 전문가로서의 좁은 시각으로만 바라봤다. 권리금이 왜 존재하고 월세는 왜 오르기만 하는지, 유동인구 많은 구도심 상권이 왜 쇠락하는지 등 창업 시장의 구조와 관행을 이해하지 못한 상태에서 자료 수집에만 몰두했다.

저금리 고착화되며 수요 급증

그런데 우리나라에 제대로 된 상가 정보가 없다 보니 상가 자료를 찾는 수요가 늘어났고 그들이 매우 다양한 정보를 요구한다는 것을 뒤늦게 깨달았다. 그래서 본의 아니게 상가 혹은 상권과 관련된 생소한 자료를 손수 만들어 볼 수 있었다. 임차인을 보호하는 법률인 상가임대차보호법의 적용 대상 점포의 비율(서울 기준)은 몇 퍼센트인지, 구도심 상가와 신도시 상가 간 점포 공실률은 얼마나 차이 나는지, 한때 선풍적인 인기를 구가하던 LH 단지 내 상가의 평균 수익률은 어느 정도인지 등 알짜배기 정보가 손에 들어올 때마다 수익형 부동산의 한 축인 상가 시장이 얼마나 복잡하고 접근하기 어려운 시장인지 분명히 느낄 수 있었다.

나는 다양한 입장의 이해관계인이 모여 만들어진 시장을 조금 더 넓은 시각으로 볼 수 있다. 하지만 어쨌든 기능적인 요인보다 투자와 회수라는 단순한 답에 주로 관심을 갖는 게 일반적인 부동산 시장의 생리다. 얼마나 큰 상가를 사서 얼마를 투자하고, 매월 얼마를 회수해 시중 예금 금리 이상의 수익을 가져갈 수 있는지가 중요할 수밖에 없다는 점을 인정하지 않을 수 없다. 물론 오랫동안 상가 시장을 연구해온 나로서는 무척 답답한 노릇이다. 그러나 지식보다 이익 추구가 우선인 수요자 절대다수에게는 결국 이 저금리 시대에서 뭘 어디에 투자해서 최대한 수익률을 끌어올릴지가 그야말로 본질인 것이다.

가히 지난 5년은 월세 열풍 시대였다. 시중 예금 금리가 1퍼센트 대로 떨어지며 막대한 여유 자금이 다른 투자처를 찾아 부동산 시장으로 흘러들었다. 은퇴, 노령 인구의 노후 소득이 불안정한 점도 매달 꼬박꼬박 수익이 발생하는 월세 부동산에 관심을 갖게 했다. 집값 상승폭이 한계점을 뚫지 못하고 있는 상황도 시세 차익을 노리는 형태에 익숙한 투자자의 패러다임을 바꾸는 데 한몫한 듯하다. 아파트 청약으로 차익을 챙기는 투자가 통하지 않으면서 다른 곳에 눈을 돌리게 된 것이다.

그런데 월세 부동산이라는 상품은 투자자가 기대하는 수준의 월세, 즉 임대 수익이 발생해야 가치가 있다. 공실이 발생하거나 임대 수익률이 터무니없이 낮아지면 인기가 하락해 가격이 떨어지는 것이 정상이다. 하지만 최근의 시장 동향을 살펴보면 오히려 일부 상품군은 입찰 과열과 고분양가 논란에 휩싸일 정도로 열기가 뜨겁다. 수요와 공급 법칙이 통하지 않는 부동산 특유의 시장 분위기를 감안해야 이 문제를 이해할 수 있다.

월세 시장에 수요는 넘쳐나고 있다. 너도나도 안정적인 임대 수익만 발생된다면 지갑을 열 태세다. 공급자가 칼을 쥐고 있다는 얘기다. 그렇다 보니 일부 신생 상품에 공급자와 투기 세력이 일종의 장난질을 치는 일이 자주 발생한다. 새로운 상품이 출시되고 일부는 거기에서 재미를 보겠지만 막차를 타면서 손해를 보는 사람이 발생하는 구조다.

물론 수익률이 떨어지면 이는 통계로 나타나고 결국 인기는 사그라지게 돼 있다. 하지만 그 기간이 일반적인 공산품에 비해 무척 더디다. 적어도 어떤 상품이 뜨면 3~4년은 열기가 유지된다. 속고 또 속는 일이 지속되면서 당국이 규제를 고민해야 할 무렵이면 공급 주체와 선점 세력은 이미 큰돈을 벌고 손을 뗀 후다.

사정이 이렇다면 월세 부동산 시장은 상당히 축소되거나 재편되는 것이 맞을 것이다. 그런데 상황은 그렇지 않다. 나는 2010년 이후 통상적으로 투자자가 기대하는 임대 수익률보다 통계상 수익률이 매우 낮은 일부 상품은 곧 시장에서 자취를 감출 것이라고 주장했다. 그런데 LH 단지 내 상가 등 일부 부동산 유형을 보면 연 임대수익률이 4퍼센트에도 못 미치는데 오히려 날개 돋친 듯 팔려나

가고 프리미엄도 형성됐다. 일반적인 시장 논리로는 도저히 설명이 힘든 현상이다.

임대 상품에 여전히 시중 자금이 흘러든다는 이야기다. 저금리, 고령화, 불확실한 국내외 경제여건 등 여러 요인 때문에 수익형 부동산이 뜨고 있다. 이제 아파트로 시세 차익을 누리고, 주식 투자로 자산을 증식하는 시대는 끝났다. 연금과 퇴직금만으로는 노후를 보장받지 못한다. 예측하기 어려운 국내 경제 사정 탓에 비유동성 투자 상품에 섣불리 가계 자산을 이동시킬 수도 없다. 창업 시장마저 온갖 악재로 장기 불황에 접어들었기 때문에 현재로서는 시중 여유자금이 월세 받는 수익형 부동산으로 몰릴 수밖에 없다. 바로 이러한 배경 때문에 전례 없는 월세 시대가 시작된 것이다.

기대 수익률에 못 미쳐도 대안 없어 재투자

2005년경만 해도 시중금리가 3퍼센트선이었기 때문에 상가 등 수익형 부동산에 투자하려는 사람의 기대 수익률은 연 7퍼센트가량이었다. 공실 등 리스크를 방어해야 하기 때문이다. 이후 2008년에 금리가 5퍼센트대까지 오르자 수익형 부동산 시장은 거의 얼어붙었다. 상가나 오피스텔에 투자해 연 8퍼센트 이상의 수익률을 거둔다는 것은 사실상 불가능에 가깝기 때문이다. 최근 10년간의 기

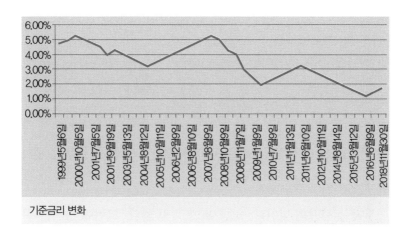

기준금리 변화

준금리를 정리한 표를 보면 2012년부터 완만한 금리 인하기에 접어들었음을 알 수 있다.

2015년부터는 초저금리 시대의 기준점인 1퍼센트대에 진입했다. 통상 상가는 연 수익률이 평균 4퍼센트대, 오피스텔은 5퍼센트대다. 예금 금리가 3~5퍼센트인 시기에는 굳이 투자할 이유가 없지만 금리가 떨어지니 상가나 오피스텔 등에 투자가 몰려 자연스럽게 몸값이 올라가는 구조다. 오히려 저렴한 금리로 대출을 받아 레버리지로 활용하면 투자 수익률은 더 올라가기 때문에 수익형 부동산을 대출 끼고 매입하는 방식은 이제 누구나 아는 투자의 기본 기술이 됐다. 초기에 들어가는 목돈을 아낄 수도 있기 때문에 일석이조의 효과다. 연 수익률 5퍼센트의 상가가 대출을 끼면 6~7퍼센트 수준까지 올라가는 것이다.

2017년에 보험개발원이 발표한 '은퇴 시장 리포트'에 따르면 지난 2015년 기준 40~50대 인구는 1649만 명으로, 우리나라 전체 인구 중 33.2퍼센트를 차지한다. 그런데 이들에게 우리나라 전체 자산·소득·부채의 60퍼센트가 집중돼 있다. 특히 이들이 보유한 자산 중 40대는 69퍼센트, 50대는 73퍼센트가 부동산 등 실물에 모여 있는 것으로 집계됐다.

투자할 사람은 넘친다. 공급 또한 적지 않다. 그런데 상품은 하자가 많고 여기저기서 잘못 투자했다는 원성이 들린다. 그런데도 투자 현장 곳곳에는 인파가 북적인다. 부동산 시장이기에, 특히 한국이기에 볼 수 있는 풍경이 아닐까.

상가와 오피스텔로 좁혀진
수익형 부동산 시장

• 한동안 오피스텔에 밀려 2인자에 머물던 상가 시장
• 오피스텔 침체기 임박함에 따라 다시 날갯짓할 가능성 높다

2010년 이후 오피스텔 시장은 규모 면에서 괄목할 정도로 성장했다. 2010년 7300여 실에 불과했던 입주 물량이 2011년 1만4000여 실로 두 배 가까이 늘어나더니 2013년에는 3만5000실 이상 입주했다. 2016년과 2017년, 2018년에는 각각 4만 실 이상 입주했거나 입주할 예정이다. 2015년과 2016년에 6만 실 이상이 분양 물량으로 공급됐기 때문에 2018년 이후 입주 대기 물량도 상당하다.

이처럼 2010년대는 오피스텔 전성시대로 봐도 무방할 정도로 수익형 부동산 시장에서 오피스텔의 열기가 대단했다. 실제로 막대한 시중 자금이 이 새로운 투자처로 몰려들었다. 비교적 최근 도시형 생활주택이나 분양형 호텔, 미군 렌탈 주택 같은 신생 상품이 탄생해 반짝 특수를 누리기도 했지만 오래 가지 않은 데 반해 오피스텔 시장은 이미 상가와 더불어 양강 체제를 구축했다고 볼 수 있을 정도로 성장했다.

나는 상가 시장에서 맴돌던 자금이 2010년 이후 오피스텔 시장으로, 이후 도시형 생활주택이나 분양형 호텔, 렌탈 하우스 등 이름조차 생소한 수익형 상품으로 거침없이 흘러 들어가는 것을 지난 몇 년간 똑똑히 지켜봤다. 산자락에 붙어 있어도 월세 상품이라는 타이틀만 붙이면 웬만큼 팔아먹을 수 있다는 속설까지 있었다.

우리나라 상가 시장은 오피스텔보다 그 유례가 깊다. 90년대 이후 본격적으로 시장 구조가 형성됐다. 특히 수도권 1.5기 신도시로 불리는, 2000~2010년 사이에 들어선 판교·동탄·송도·운정·한강신도시와 그보다 규모가 작은 5000세대에서 1만 세대 사이의 중소형 택지지구에 공급된 6~10층 규모의 근린상가나 2층 안팎의 단지 내 상가는 전체 상가 공급량의 90퍼센트에 달할 정도로 큰 비중을 차지하고 있다. 주요 도시의 구도심 지역에 조성되는 재개발, 재건축 단지에도 상업 시설이 들어서며 또 하나의 상가 투자처로 이름을 올린다. 이러한 상가들이 저금리 시대에 안정적인 투자 상품으로 관심을 끌면서 시장의 중심에 자리 잡게 되었다.

신생 상품 사라지고 양강 구조 고착화

정리해 보면, 2010년 이전에는 주로 상가 시장에 편중돼 있던 수익형 부동산 시장이 2010년 이후 오피스텔을 비롯한 다양한 신생 상품으로 확산되다가 대부분 사라졌고 그중 살아남은 오피스텔과 상가가 양강 구도를 형성했다고 보는 게 정확하다.

2000년대 중반부터 수많은 신도시와 택지지구에 막대한 양의 상업시설이 공급됐지만 부동산 침체 탓에 상가 시장은 어려움을 겪었다. 인기 신도시인 판교는 무모하게 역대 가장 높은 수준의 분양가를 책정했다가 미분양과 공실 탓에 수년간 몸살을 앓았다. 신도시는 아무리 아파트 가격이 높은 단지 인근이라고 해도 보편적 상권이 형성되기 때문에 점포 매출에는 큰 차이가 없다. 따라서 임차인이 지불할 수 있는 월세 수준에 아무래도 한계가 있다. 근린 상권은 평당 5000만 원이 넘으면 분양가격은 10억 원을 훨씬 상회한다. 수익률 5퍼센트를 내려면 월세를 400만 원에서 500만 원 사이는 받아야 하는데 새로 형성되는 상권에서는 감당하기 어려운 임대료다.

이런 문제 때문에 초기에 들어온 업종이 1~2년 만에 바뀌는 경우가 허다하고, 공실도 무수히 많다. 높은 수준의 분양가 때문에 '안정적인 수익형 부동산'이라는 희망과 괴리가 벌어졌다는 평가도 있다. 또 오피스텔을 비롯한 경쟁 부동산이 제시하는 평균적인 임

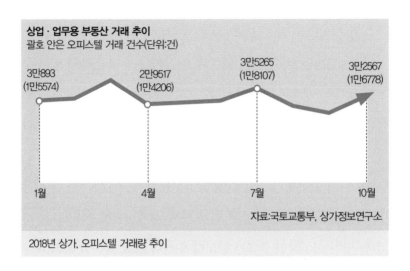

상업·업무용 부동산 거래 추이
괄호 안은 오피스텔 거래 건수(단위:건)

3만893
(1만5574)

2만9517
(1만4206)

3만5265
(1만8107)

3만2567
(1만6778)

1월　　　　　4월　　　　　7월　　　　　10월

자료:국토교통부, 상가정보연구소

2018년 상가, 오피스텔 거래량 추이

대 수익률이 평균 5~6퍼센트를 넘나든 데 비해 상가는 4퍼센트대에 머물러 월세 받기가 유일한 목적인 투자 계층에게 홀대를 받은 것이 사실이다.

하지만 2017년과 2018년의 양상을 보면 상가 시장이 아직 살아 있다는 것을 여실히 느낄 수 있다. 서울, 수도권, 지방 할 것 없이 단지 내 상가를 분양하는 투자 상담소에 많은 인파가 몰렸고 아파트가 아닌데도 청약 추첨제에서 높은 경쟁률이 나왔다. 주변 상권 시세를 감안해 아주 높은 분양 가격이 책정되기도 했다. 곳곳에 미분양이 속출하고, 빈 상가가 신도시에 난립하던 때와는 사뭇 달라진 모습이다.

상가 시장 부활 vs 공급 넘쳐 한동안 고전할 오피스텔

상가 시장이 이처럼 부활한 데는 몇 가지 이유가 있다. 우선 우후죽순처럼 들어서던 신도시 개발이 차츰 줄어들면서 분양 상가의 공급 자체가 줄었다는 데 있다. 희소성을 띠기 시작했다는 이야기다. 특히 1.5기 신도시 대부분이 개발 완료 단계에 접어들면서 더는 상가가 들어설 곳이 없다. 평택 고덕, 동탄2, 세종시, 송도국제도시 등 얼마 안 남은 신도시를 빼면 신규 상가를 구경하기 어려워졌다. 이렇다 보니 자연스럽게 투자자의 발길 닿는 곳이 좁아질 수밖에 없다.

또 한 가지 이유는 오피스텔을 비롯해 경쟁 부동산 상품의 안정성이 떨어진다는 점을 체득했다는 점이다. 투자자들은 처음에 높은 수익률을 기대했다가 시간이 지나면서 공실이 발생하고 평균 수익률이 떨어지는 경우를 많이 겪었다. 전통적 상품인 상가에 비해 투자 안정성이 크게 떨어진다는 점을 인식한 것이다. 현재 수도권 오피스텔의 평균 수익률은 5퍼센트 안팎으로 상가와 큰 차이가 없다.

세 번째 이유는 미래 가치다. 부동산 자체의 몸값이 올라가고 월세 수준이 상승하기를 기대하지만 대체로 그런 기대감이 현실이 되기는 쉽지 않다. 하지만 상권 형성 이전에 선점 투자한다면 프리미엄을 챙길 수 있고 상권이 성장하면서 월세 수준도 올라갈 것이기에 충분히 효자 상품이 될 수 있다. 그래서 값싸고 발전 가능성이 있는 상가에 관심이 몰리는 것이다.

반면 오피스텔 시장은 많은 공급 탓에 분양률과 수익률이 동시에 떨어져 있다. 지역별, 유형별, 면적별 희비가 엇갈리고 서울 시내만 놓고 보면 평균 연수익률 5퍼센트 선도 무너진 상태다. 하지만 상대적으로 상가에 비해 적은 비용으로 투자할 수 있고 주거 대체 기능을 겸하는 등의 장점은 여전하기 때문에 일정 시간이 지나면 다시 상승 국면으로 전환할 가능성이 높다.

상가와 오피스텔 간의 보이지 않는 경쟁은 꽤 길게 이어질 것 같다. 공급 적체가 심했던 오피스텔은 1~2년 더 고전할 것으로 보이지만 점차 활기를 되찾을 것이다. 상가는 오피스텔의 침체를 틈타 당분간 더 굳건한 자리를 유지할 듯하다.

한풀 꺾인 오피스텔 인기,
공급 줄어들면 기회는 찾아온다

• 분양가 올라가면서 투자 수익 감소
• 공급 적체 해소되는 2019년 하반기부터 상황 나아져

오피스텔 인기가 눈에 띄게 주춤해진 모양세다. 휘황찬란하게 신문 지면을 수놓던 수많은 광고도 대부분 사라졌고 곳곳에 들어서던 브랜드 오피스텔도 확실히 감소했다. 오피스텔은 비교적 소액인 1억 원대부터 투자가 가능하고 세금 부담이 적다는 장점 때문에 수익률이 5퍼센트 이상만 돼도 성공했다고 볼 수 있다.

신도시와 구도심, 대학가와 업무벨트, 역세권과 비역세권, 오피스텔이 밀집한 지역과 희소한 지역 등 다양한 선택지 가운데 어느 곳에 투자할지는 정확한 통계를 기반으로 결정해야 한다. 분양 가격이 많이 올라간 상황에서 기대한 만큼의 월세 수준에 못 미친다면 피해는 수요 예측에 실패한 투자자에게 돌아갈 수밖에 없다.

공급 집중된 지역 무조건 피하라

오피스텔 투자에서 관건은 월세가 높은 지역이 아니라 공급이 많은 지역을 파악하는 것이다. 업계에 따르면 2016년과 2017년에 각각 4만 실 이상의 오피스텔이 입주했다. 2018년과 2019년도 비슷한 수준이 될 것이다. 월세가 높은 지역이라 해도 수요 이상의 공급이 있다면 틀림없이 공실이 발생하고 월세가 하락할 것이다. 달리 말하면 상대적으로 개발 회사의 손이 덜 탄 곳, 즉 공급이 많지 않던 곳을 찾는 것이 유리하다.

지난 5년 동안의 수도권 오피스텔 시장을 살펴보면 필요 이상의 물량이 갑자기 공급된 곳은 모두 실패했다. 평균 시세 이상의 임대료가 나오지도 않고, 평균 수익률 이상의 투자 가치가 발생하지도 않았다. 이름값이 높은 지역이라 해서 좋은 결과를 낸 것도 아니다. 강남·서초·송파나 분당·판교의 수익률은 5퍼센트에 턱걸이하기도 버거워했다.

신도시의 오피스텔은 이중고에 시달리고 있다. 일단 광교신도시나 마곡 지구에서 볼 수 있듯 필요 이상으로 많이 지어댄 결과 이를 채울 임차인도 제대로 구할 수 없는 실정이다. 광교신도시는 전체 가구수의 30퍼센트가 오피스텔일 정도다.

신도시의 오피스텔 시장이 어려운 또 다른 이유는 신도시 특성상 초기 입주율이 낮고 주변 개발 호재가 생각보다 더디게 진행된다는 점이다. 일반적으로 지하철 개통, 대형 할인점 입점, 기업체 이전 등 대부분의 호재가 당초 예상 시점보다 늦게 현실화된다. 부동산 시세는 이런 호재가 미리 반영되기 때문에 실제 가치 이상으로 높아지는 데 비해 회수 시기는 늦고 그만큼의 손해는 투자자에게 돌아갈 수밖에 없는 구조다.

주요 대학가도 토지비용이 올라 분양가가 상승하면서 투자자가 원하는 수익률을 맞춰 주기 힘들어 미분양이 늘어난 상태다. 그나마 업무 벨트 주변이나 역세권은 직장인 수요를 흡수하므로 상대적으로 월세를 받기 수월하다.

완만한 하락세 속에 2019년 하반기 이후 노려야

전체적으로 오피스텔 시장은 완만한 하락세를 보이는 중이며 앞으로도 이런 상태는 지속될 것이다. 일순간 무너져버린 호텔, 도시형 주택 시장에 비해 상황은 나은 편이지만 수익률이 오르거나 몸값이 급등하리라 기대하기는 어렵다. 너무 많이 공급됐기 때문이다. 따라서 전반적으로 고전하는 가운데 지역별, 입지별로 그나마

서울 지역 수익형 부동산 조소득승수 비교표 (도시형생활주택-오피스텔-상가)

지역	도시형 생활주택				오피스텔				상업시설			
	연 임대 수익률(%)		월조 소득 승수	연조 소득 승수	연 임대 수익률(%)		월조 소득 승수	연조 소득 승수	연 임대 수익률(%)		월조 소득 승수	연조 소득 승수
시점	2014.2.	2015.2.	2015.2.		2014.2.	2015.2.	2015.2.		2014.2.	2015.2.	2015.2.	
강남구	4.81	4.84	276.4	23	5.01	5.01	259.2	21.6	4.83	4.91	273.2	22.8
서초구	4.97	4.96	260.7	21.7	5.41	5.36	223.3	18.6	4.92	4.9	275.6	23
송파구	5.03	4.92	262.4	21.9	5.3	5.24	252.7	21.1	4.33	4.36	291.2	24.3
중구	4.52	4.52	282.6	23.6	5.2	5.22	246.9	20.6	5.25	5.14	247.8	20.7
영등포구	3.8	3.68	341.9	28.5	4.91	4.9	272.4	22.7	5.07	4.73	268.1	22.3
서대문구	3.96	3.95	319.3	26.6	5.24	5.11	261.4	21.8	5.26	5.26	244.8	20.4
종로구	4.22	4.03	312.4	26.1	5.41	5.27	242.5	20.2	5.22	5.39	219.2	18.3
강동구	3.91	3.74	335	27.9	5.16	5.16	246.6	20.6	5.19	5.2	244.2	20.4
관악구	3.46	3.36	377.1	31.4	5.29	5.04	251.3	20.9	5.32	5.31	239.6	20
성북구	4.19	4.17	303	25.3	5.37	5.37	222.8	18.6	5.21	5.14	247.9	20.7
용산구	4.64	4.66	282.1	23.5	4.8	4.78	264	22	4.81	4.75	314.7	26.2
동대문구	3.68	3.64	345.7	28.8	5.11	5.08	251.2	20.9	5.41	5.45	233.1	19.4
마포구	3.83	3.84	329.4	27.5	5.53	5.5	235.7	19.6	5.28	5.29	236	19.7
구로구	3.98	3.7	338.4	28.2	5.14	5.02	260.5	21.7	5.14	5.11	262.6	21.9
성동구	4.71	4.77	265	22.1	5.66	5.61	214.8	17.9	5.06	4.94	270.2	22.5
노원구	5.11	4.98	254.4	21.2	5.11	5.1	263	21.9	–	–	–	–
강서구	4.02	4.1	308.9	25.7	4.93	4.94	270.4	22.5	5.44	5.42	234.5	19.5
은평구	4.66	4.61	275.3	22.9	5.42	5.36	226.6	18.9	5.07	5.07	250	20.8
광진구	4.85	4.74	265.1	22.1	5.03	5.02	259.7	21.6	5.32	5.33	238.1	19.8
양천구	3.9	3.92	322.7	26.9	4.82	4.82	262.3	21.9	5.58	5.61	226.9	18.9
강북구	4.14	4.09	308.7	25.7	5.29	5.26	244.6	20.4	5.3	5.28	238.3	19.9
동작구	4.63	4.56	275.8	23	5.22	5.2	244.1	20.3	5.41	5.41	234.7	19.6
도봉구	4.77	4.69	269.9	22.5	5.4	5.23	245.3	20.4	–	–	–	–
금천구	4.02	3.99	317	26.4	5.31	5.28	238.5	19.9	5.25	5.25	245.4	20.5
중랑구	4.89	4.75	315.5	26.3	5.06	5.05	254.3	21.2	4.92	4.96	268.8	22.4
평균	4.29	4.27	301.6	25.07	5.21	5.16	248.6	20.71	5.16	5.14	252.39	21.03

안정적이고 상대적으로 높은 수익을 주는 상품을 찾는 것이 최상의 투자 대책이다.

이미 서울에만 최근 몇 년 사이 신규 오피스텔이 15만 실 이상 공급됐다. 이 정도의 물량이 분양 후 완공, 임차 계약을 거쳐 입주까지 마치려면 여러 해가 걸린다. 분양률이 떨어지자 점차 공급량은 감소 중이다. 하지만 적체 물량이 소진되기까지 투자자 입장에서 리스크와 싸워야 한다. 2019년 하반기부터는 점차 해소되면서 수익률이 상승하고 시장 상황이 개선될 가능성이 높다.

상가 무풍지대, 잘 고른 상가 하나가 효자 노릇한다

• 수익률, 안정성에서 오피스텔보다 앞선다
• 철저한 상권 분석 선행되면 알토란 상가 보인다

우리나라처럼 거리와 골목 전체가 상권인 곳은 세계 어디에도 없다. 상가는 투자 금액이 크고 우량상품 판별이 어려우며 임차 관리도 쉽지 않다. 그럼에도 불구하고 상가가 전통적으로 수익형 부동산 시장의 대표 역할을 하는 데에는 이유가 있다. 1990년대부터 지금까지 상가가 투자 상품으로 꾸준히 각광받아 온 이유는 무엇일까?

상가는 월세형 상품 중에서 가장 안정적인 부동산 상품이다. 월세 열풍이 시작된 후로 수많은 부동산 상품이 탄생했지만 상가처럼 꾸준히 안정적인 수익률을 안겨주는 데는 실패했다. 상가는 아주 높은 수익률을 기대할 수는 없지만 언제나 4~5퍼센트 언저리는 유지하기 때문에 기대치가 아주 높지 않은 투자자에게 그야말로 안성맞춤형이다.

상권이 성장하면 상가 자체의 몸값이 높아질 수도 있다. 한편에서 자영업 시장은 불황을 겪고 있지만 신규 프랜차이즈나 ○○거리, ○○길 등이 등장해 상권의 네임밸류나 가치가 높아지면서 임대료가 크게 오르는 지역이 곳곳에 생겼다. 그런 곳에 상가 혹은 빌딩 하나 가지고 있으면 그야말로 노후에 효자 노릇을 톡톡히 해줄 것이다. 오피스텔이 지나치게 공급돼 수익률이 떨어지는 바람에 주춤하면서 상가는 월세 시장에서 그야말로 무풍지대 안에 있다. 이런 추세는 분명히 2019년에도 이어질 것이다.

전통적인 수익형 부동산의 강자

이처럼 상가는 임대수익형 상품이면서 주택처럼 시세 차익까지 안겨줄 수 있는 수익형 부동산 상품이다. 그러면 2019년 상가 시장은 어떻게 흘러갈까? 어디에 포커스를 맞추고 투자해야 할까? 역시 상가 시장 하면 신도시 얘기를 하지 않을 수 없다. 새로 공급되는 상업 시설과 분양 상가의 90퍼센트가량이 신도시나 택지개발지구에 들어서기 때문이다.

1990년대와 2000년대 우리나라 부동산 시장은 강남과 신도시 천하였다. 특히 수도권 주요 지역에 수많은 신도시가 형성됐고 이곳 아파트들이 주택시장을 이끌었다고 해도 과언이 아니다. 1기 신도시인 분당, 일산, 평촌, 상동, 중동은 주택 공급이 부족하던 시기에 서민 주거안정을 위해 조성됐다. 2000년대 이후 개발계획이 수립된 신도시는 2기 신도시로 분류한다. 이 중에서 2000~2010년 사이에 개발에 착수한 곳을 따로 구분해 1.5기 신도시라고 하는데 성남 판교·화성 동탄·파주 운정·김포 한강·인천 송도·수원 광교신도시가 이에 해당한다. 1.5기 신도시까지는 주택 건설과 투자를 통한 가격 상승이라는 오래된 신도시 부동산 청사진이 어느 정도 통한 듯하다. 문제는 현재 한창 공급되고 있는 2기 신도시다.

정부의 부동산 정책 기조가 더는 대규모 공급이나 주택시장 활성화에 치우치지 않고, 적절한 공급 조절 및 주거복지 쪽으로 선회하는 중이다. 이에 따라 전임 국토교통부 장관은 수도권에 더 이상 대규모 신도시를 조성하지 않겠다고 직접 말하기도 했다. 이런 상황이라면 사실상 동탄2, 위례, 고덕신도시는 수도권의 마지막 대형 신도시가 될 예정이다.

신도시에는 아파트만 들어서는 것이 아니다. 자족기능을 갖추려면 업무지구(테크노밸리)가 들어서는 곳에 필히 오피스텔이 상당 물량 공급돼야 한다. 입주민의 편의를 위한 상가도 마찬가지다. 수도권에 수많은 신도시와 택지개발지구가 우후죽순처럼 난립하던 2000년부터 2010년까지 엄청난 양의 상가가 분양됐는데 신도시 전체 공급 규모를 감안하면 전혀 이상한 일이 아니었다. 이제 대규모 신도시가 다시 계획·착공되기 어려워졌다. 그렇다면 상가 투자자 입장에서 동탄2, 위례, 고덕신도시는 마지막 선택지일 수 있다. 세종시를 포함하면 좀 더 선택의 폭이 생기겠지만 말이다. 신도시 상가가 모든 투자자에게 기쁨을 안겨주지는 못했지만 그래도 앞으로 약 5년만 있으면 더 이상 신규로 공급될 일이 거의 없어진다니 아쉬움이 남을 수밖에 없다.

신도시 개발 줄어 상가 공급도 전반적으로 감소세

신도시는 상가 개발 자체로 수익을 내는 개별 일반 근린상가의 비중이 높은데다 용지 가격도 대체로 높아 분양가가 비싸질 수밖에 없다. 때문에 단순히 표면적인 가격으로 투자가치를 판단하기는 어렵다. 따라서 현재 가격만 놓고 투자가치의 우열을 따지기보다 현 분양가 수준이 중장기적으로 상권 내에서 안정적인 수익률을 보장해 줄 수 있는 가격대인지 식별할 수 있어야 한다.

2018년 상가 시장을 돌아보면 위에 언급한 세종시, 위례, 동탄2 등 대형 신도시를 중심으로 활기를 띠는 양상을 보였다. 2019년은 본격적으로 입주 단지가 늘어나는 평택 고덕신도시와 다산신도시를 비롯해 미사지구, 감일지구 등 크고 작은 중소형 신도시나 택지지구 상가의 공급이 조금 더 늘어날 예정이다. 고덕신도시는 그야말로 초기 개발 단계에 공급되는 상가이기 때문에 선점 투자는 가능하겠지만 상권 형성까지는 시간이 걸린다는 점과 향후 주변 여건이 어떻게 변화할지 모른다는 점을 고려해 접근하는 편이 좋겠다.

상가는 아파트와 달리 해당 지역의 이미지에 따라 수익률이 결정되지 않고 개별 상권, 입지별로 편차가 크다. 따라서 익히 알려진 지역을 골라 투자하는 것이 아니라 상대적으로 조명을 덜 받는 곳을 공략해 보는 것도 한 방편이다. 규모가 작거나 매체에 이름을 자주 올리지 않는 지역에 공급되는 상가도 투자 후보군에서 제외하지 말고, 구도심이나 1기 신도시에 가끔 들어서는 상가 역시 제법 좋은 입지에 공급되는 것들이 있으므로 현장을 확인해 보기 바란다.

언론사의 건설부동산부로 새로 발령받은 기자에게 가장 많이 듣는 얘기가 바로 '상가 시장은 기사 쓰기가 너무 어렵다'는 것이다. 아파트나 주택 시장은 통계도 풍부하고 가격, 거래량, 분양 시장 등 할 얘기가 많은 반면 상가는 통계 자체도 열악한데다 어디에 포커스를 맞춰야 하는지 도통 감이 잡히지 않는다는 말이다.

사실 상가 혹은 상권에 대한 기사를 만들 때는 건설부동산부 외에도 유통부나 산업경제부 기자도 많은 역할을 맡는다. 이것은 이 시장의 특수한 성격 때문이다. 일단 상가나 점포는 자영업자나 프랜차이즈 본사가 공간을 빌려 장사하는 창업의 터전이다. 그런 면에서 창업 시장과 떼려야 뗄 수 없다. 그런데 이 시설을 소유하는 주체는 임차인에게 월세를 받는 임대인이다. 그래서 임대 시장, 즉 부동산적인 요소를 배제할 수 없다.

임대 시장이 형성되면 임대 수익률을 따져야 한다. 거기에서 거래 가격이 형성되며 근원적으로 투자 관점에서 바라볼 수밖에 없다. 따라서 은퇴 세대에게는 투자 포트폴리오를 구성할 때 살펴보는 선택지 중 하나로 꼽힌다. 이처럼 여러 기능과 양상을 띤다. 같은 베이비부머 세대라도 누구는 점포나 빌딩을 사서 직접 매장을 운영하고 누구는 상가주택을 지어 본인이 주거하면서 1층 점포를 월세로 주는 등 중첩되는 모습을 보이기도 한다.

그래서 기자들은 물론 일반인에게도 늘 상가는 어려운 존재다. 특히 상가 투자를 염두에 두고 있다면 상가를 장사 하는 곳으로만 볼 것이 아니라 부동산적인 요소, 특히 임대료와 관련된 여러 보이지 않는 흐름을 예의주시할 필요가 있다. 당장 월세를 내는 임차인이 어떤 생각을 가지고 있는지, 임대료의 인상 가능성이나 비율은 어떠한지, 본인이 건물주라 가정하고 해당 건물을 가장 적합하게 이용할 방법과 임차 관리가 무엇인지 생각해 보면 임대인과 관계를 설정할 때 큰 도움이 될 것이다.

05

소형 아파트
어디에 투자할 것인가

• 1, 2인 가구 증가로 여전히 공급 부족
• 임대 수익보다 몸값 상승 기대하는 투자 방향 중요

　최근 몇 년 사이 서울 시내 60제곱미터 미만 소형 아파트 매물 품귀 현상이 심화됐다. 아무리 외곽의 작은 아파트라도 3억 원 미만짜리를 찾기 힘들어졌을 정도다. 작은 아파트가 밀집한 강북권 지역의 노후한 소형 아파트는 재건축 기대감과 그동안 저평가된 시세가 타 지역과 균형을 맞춰가며 발생하는 차익이 장점으로 꼽힌다. 조금 더 도심 지역은 신규 분양 단지가 인기를 누리고 있다. 교통이 편리하면서 업무 벨트와 가까운 지역은 원래 오피스텔의 수익률이 높게 나오는데 이 지역에 소형 혹은 초미니 아파트를 지어 오피스텔처럼 임대를 주는 것이 투자자의 목적이다.

일각에서는 소형 아파트 시장이 수요가 한정적이고 너무 많이 공급돼 있다고 주장한다. 물론 일리가 있다. 하지만 신혼부부, 1인 가구, 은퇴가구는 점차 늘어나고 있다. 이들은 오피스텔이나 도시형생활주택보다 아파트를 선호하는 경향이 있다. 소형 아파트는 2억 원대부터 투자가 가능하며 환금성도 뛰어나 수요가 크게 늘어난 상황이다. 또한 연간 수만 실이나 공급되는 오피스텔에 비해 상대적으로 희소성도 있다.

강북·도심 소형 아파트 인기

세금 면에서도 장점이 있다. 전용면적 85제곱미터 이하의 주택을 2호 이상 매입해 사업자로 등록하면 전용 40제곱미터 이하는 재산세 면제, 40제곱미터 초과 60제곱미터 이하는 50퍼센트 감면, 60제곱미터 초과 85제곱미터 이하는 25퍼센트 감면된다. 최초로 분양받아 취득 신고할 경우 취득세율(1퍼센트)의 85퍼센트를 비과세하고 종합부동산세 합산 대상에서도 제외하기 때문에 작은 아파트를 두세 채 사서 임대사업자로서 노후를 대비하는 투자자도 늘어나고 있다.

이런 추세를 반영하듯 상당수 분양 단지에서는 아예 '전 세대 소형 평형' 배치를 내세우기도 하고, 실제 분양 가격을 중대형에 비해 더 높게 책정하는 경향이 나타나고 있다. 최근 신규 공급이 늘고 있다고 해도 여전히 작은 아파트의 절대 물량은 수요에 비해 아직 부족한 상태다. 부동산 성장기에 중대형 위주로 공급되었기 때문에 시장 환경이 변화했는데도 아직 수급 균형이 온전히 맞춰지지 못하고 있는 것이다. 1, 2인 가구 증가와 핵가족화도 소형 아파트의 인기에 한몫한다. 직장인 부부가 찾는 교통 여건이 좋은 지역의 작은 면적대 아파트는 최근 매물이 귀해 나오는 대로 팔린다고 말할 정도다.

오피스텔과 달리 아파트는 세입자가 자주 바뀌지 않는다. 앞서 얘기했듯이 관리비가 저렴하면서 전용률이 높아 월세 거래가 잘 이뤄지고 공실 위험이 상대적으로 적다. 일정 기간 이후 감가상각되는 오피스텔에 비해 가격이 오를 여지가 높음은 두말할 나위가 없다.

리스크 방어 유리하고 피난 투자에 적합

투자 목적으로 소형 아파트를 여러 채 사들이는 사례도 부쩍 늘어났다. 상대적으로 중대형에 비해 오름세가 가파른데다 잘 선택하면 짭짤한 임대 수익까지 따라오기 때문이다. 부동산 상승기가 예상되면 중대형 아파트를, 반대가 예상되면 소형 아파트를 사라는 속설이 있다. 침체기에는 소형 면적대 아파트가 리스크를 방어하는 데 비교적 유리하다는 얘기다. 요즘처럼 부동산 규제가 심해지고 시장 예측이 힘들 때는 무리하게 고가 아파트를 사기보다 절충선을 찾는 투자가 성행하기 마련이다.

2019년에도 소형 아파트의 인기는 당연히 식지 않을 것이다. 다만 강남권이나 한강변 랜드마크 단지에 위치한 소형 아파트는 상당한 고분양가에 공급될 것이기 때문에 임대 수익을 목적으로 매입하기에는 곤란하다. 비싼 땅값이 형성된 중심가에 지어지는 주상복합이나 한강변 인기 단지는 소형 면적으로 배치된 아파트라도 3.3제곱미터당 가격이 2000만~3000만 원대를 쉽게 호가하는 상황이다.

간단히 생각하면 매입 가격이 5억 원이 넘어가면 월세를 200만 원 가까이 받아야 원하는 임대 수익률을 손에 넣을 수 있다. 하지만 고가의 월세를 지불하고도 월세를 살려는 계층이 외국에 비해 두텁지 못한 한국에서 월 200만 원 혹은 그 이상을 꾸준히 지불할 수 있는 세입자를 찾기란 만만치 않다.

따라서 신규 분양한 소형 아파트나 최근에 공급된 단지인 경우 60제곱미터 이하 아파트라도 임대 수익률이 연 3퍼센트대 초반에 머무는 경우가 허다하다. 상대적으로 시세 상승이 적고 매매 가격이 크게 오르지 않으면서 신규 분양 물량도 적은 저평가 지역의

2억~3억 원대 아파트는 월 80만~90만 원을 받으면 얼추 희망하는 수익률에 근접하기 때문에 수익형 부동산이라는 투자 목적에 맞추기에는 더 유리한 상황이다.

투자 금액 낮을수록 임대 수익 높아져

그래도 월세 수익을 목적으로 투자하려 한다면 절대 투자액이 낮은 매물에 접근하는 쪽이 바람직하다. 평균 거래 가격이 낮을수

서울 7호선 하계역 역세권의 한 소형 아파트 단지

록 수익률은 높게 나타난다. 따라서 평균적으로 강북 지역의 임대 수익률이 강남권에 비해 높다. 강북에서도 마포구나 성동구처럼 인기 지역보다 강북구, 노원구, 도봉구와 같은 북단 지역이 더욱 낮은 시세를 기반으로 4퍼센트 가까운 연 수익률을 올리고 있다. 도심권에선 종로구와 중구 등 광화문, 을지로, 충무로와 인접해 직장인 수요가 많은 지역이 수익률이 높다.

요즘처럼 도심 집값이 몇 달 사이에도 1억~2억 원씩 오르는 시기에 아파트를 선택할 때는 월세 수익보다 몸값 상승을 선택의 기준으로 삼는 게 맞다. 월세가 오르는 동안 부동산 가격이 월등히 올라버리기 때문에 특히 막차를 타는 투자는 금물이다. 서울 시내라면 아무리 외곽 지역 소형 아파트라도 2억5000만 원 미만짜리를 찾기 힘들어졌다. 오른 가격으로 매입하면 틀림없이 원하는 수익률에 못 미칠 것이기에 정점에서 매입하는 건 옳지 못하다.

통계청은 오는 2030년이 되면 1인 가구가 470만 가구에 이를 것으로 보고 있다. 신혼부부와 자녀를 분가시킨 장년층 부부는 든든한 실수요층이다. 여기에 쏠쏠한 월세 수입을 원하는 투자자도 꾸준히 늘고 있고 노원구 등 소형 평형 재건축 추진 단지가 많은 곳에서 잘 투자하면 시세 차익까지 노려볼 수 있다. 이후로도 작은 아파트의 인기 가도는 꽤 오래 지속될 것으로 예상된다.

수도권 상권 지형
어떻게 바뀌고 있나?

· 기존 상권은 잠잠한 편
· 신도시 기존 상권은 순항할 가능성 커

　전형적인 우리나라 구도심의 로드 상권 개념은 1990년대 후반부터 무너지기 시작했다. 역세권이나 재래시장을 축으로 해서 의류·패션과 먹자골목으로 구성된 천편일률적인 구상권이 신도시 상권이나 대형 상업 시설의 등장으로 거대한 변화의 길에 접어든 것이다.

　이는 서울 및 수도권 주요 광역 상권의 임대료가 급격하게 상승한 현상과도 궤를 같이한다. 월세가 오르다 보니 수십 년간 정착해 있던 전통적 업종군이 버티지 못하고 자리를 내주면서 프랜차이즈 상권으로 바뀌는 과정이 진행됐는데, 처음에는 유명 의류 브랜드 중심에서 차츰 기타 패션 업종이나 식음료, 소매 계열의 매장이 뒤섞이는 형국으로 바뀌었다. 월세와 권리금은 반비례하는 것이 일반적인데 월세가 크게 오르다 보니 많은 토착 상인의 소위 바닥 권리금도 크게 낮아졌다. 이 권리금이 상권의 위력을 대변한다는 공식도 이제 통하지 않는 세상이 됐다.

업종군이 바뀌고 월세 수준이 크게 오르는 과도기에 수도권에 수많은 상권이 탄생하며 기존 상권을 위협했다. 2만5000가구 이상이 사는 곳을 보통 신도시라 하는데 1.5기 신도시만 11곳에 달한다. 이 신도시에 중심상권, 근린상권, 단지상권 등 최소 3~4개의 개별 상권이 만들어졌다. 지하철역과 신도시가 만나는 소위 요충지에는 광역 상권이 개발돼 '지하철+백화점+쇼핑몰+주상복합+배후 아파트' 등이 결합된 메머드급 상권도 탄생했다.

치열한 경쟁만 남은 서울 상권

1960년대 이후 형성돼 오랫동안 터전이 되어온 구상권은 이런 안팎의 악재를 만나 그야말로 악전고투중이다. 권리금이 떨어진다고 꼭 상권이 몰락 혹은 쇠락한다는 뜻은 아니다. 다만 높아진 임대료를 감당할 수 있는 임차인은 거대 자본을 앞세운 대형 프랜차이즈밖에 없기 때문에 '그들만의 리그'로 전락한다는 데는 동의할 수밖에 없다.

구도심 상권 중에도 대반전의 틀을 마련한 곳이 더러 있기는 하다. 대부분 트렌드화된 곳들인데 소위 ○○거리라는 이름이 붙어 카페 혹은 잡화, 퓨전음식점 등이 어우러진 거리 상권을 말한다. 하지만 이런 곳도 화려한 겉모습 뒤에 잦은 임차인 교체나 급격한 프랜차이즈화 같은 숨은 문제가 튀어나와 시장을 복잡하게 만든다. 이는 불안정한 임차 시장을 만들기도 한다.

이처럼 수도권 상권 지형은 매우 복잡하다. 눈에 보이는 곳은 무조건 상권으로 조성하려는 무모한 시도 또한 한몫한다. 상권과 상권 사이의 경계가 모호해지면서 배후수요(근처에 아파트가 있다든지 하는 수요와 관련된 환경)라는 개념도 사라졌다. 뺏고 뺏기는 처절한 경쟁만 남은 듯 보일 정도다. 이런 상황에서 전통의 강자인 구도심 상권과 신흥 거리 상권, 곳곳의 초대형 상업시설, 신도시 상권은 얽힐 대로 얽혀 있고 향후 어떤 모습으로 변해갈지 예측하기 매우 힘들다.

원래 창업 시장은 유행에 민감하고 온갖 경쟁이 필연적으로 뒤따른다. 하지만 부동산 시장과 밀접한 연관이 있기 때문에 급격한 변화는 상업용 부동산 시장에 부담을 줄 수밖에 없다. 현재 천호역, 신림역, 노원역, 연신내역 등 엄청난 전성기를 누리던 서울 구도심 상권은 바로 이 과정에서 진통을 겪으며 정체된 느낌이고 신흥 상권의 많은 도전을 받고 있다.

주춤한 신흥 상권들

가로수길, 연남동, 합정동, 경리단길, 서촌 등 단시간에 대단히 주목받은 신흥 거리 상권 역시 기초 체력이 약한 탓에 불안해 보이기는 마찬가지다. 많은 대학가 상권도 높은 임대료 탓에 몰락했다. 중국인 관광객이 몰리면서 순항하던 곳도 최근 주춤한 상태다. 민

세종시의 한 오피스텔 상가

자역사 개발, 뉴타운 조성, 초고층 빌딩 건립 등 호재가 만발하던 2000년대 중반과 비교하면 조용해도 너무 조용하다. 마지막 노른자위라 불리는 용산과 한전부지 현대차 신사옥 건립으로 시끄러운 삼성역 일대가 개발되려면 앞으로 적지 않은 시간이 필요할 듯하다. 마치 대전환을 앞둔 듯, 서울 시내 상권은 잔뜩 움츠려 있다.

수도권은 동탄역세권, 고덕국제화지구 등 중대형 광역 상권이 상권 지도에 이름을 올릴 준비를 하고 있다. 하지만 완전히 새로 조성되는 대형 신도시에 들어서는 상권이기 때문에 판교역(분당)이나 부천 중동·상동(부천역), 안양 평촌·범계(안양역)처럼 기존의 구 상권에 위협을 줄 상황은 아닌 것으로 보인다. 신도시 개발이 축소되면서 경쟁 상권이 생길 일도 줄어들었기에 신도시의 기존 상권은 일단 큰 변수가 없는 이상 순항할 가능성이 높다.

대부분의 상가 투자자가 신도시 중심으로 분양 상가를 찾는데 최근 구도심에도 상가 공급이 꾸준히 이뤄지고 있으므로 신규 분양 상가 외에도 소규모 빌딩이나 선임대 점포에 투자하는 이들이 늘어나고 있다. 특정 매물에만 관심을 가지지 말고 상권 변화, 더 나아가 창업 시장에도 관심을 갖고 접근해야 투자 실패를 줄일 수 있다.

꼬마 빌딩 vs
상가주택

• 노후 대비 인기 상승세 지속
• 투자 목적 분명히 하고 숨은 보석 찾는 노력 필요

요즘 '꼬마 빌딩'이라는 말이 유행이다. 얼마나 유행인가 하면 10억~20억 원대 소형 상가 건물이 품귀일 정도다. 장기화되고 있는 고용불안과 저금리, 저성장은 금융소득 같은 비노동 소득에 대한 막연한 동경을 일으키기 딱 좋은 환경을 조성하고 있다. 주식 시장이 불안해 안전 자산을 희망하는데다 안정적인 임대수익으로 조금 더 여유로운 노후를 즐기고 싶은 노후 세대가 늘어난 경향도 있다.

이 모든 조건과 조화를 이루는 듯한 부동산 상품이 바로 중소형 빌딩, 즉 꼬마 빌딩이다. 오피스텔이나 상가같은 다른 수익형 부동산에 비해 빌딩은 자산 가치 상승이라는 측면에서 보면 중장기적인 자산 관리에 알맞기도 하다. 물론 일정한 임대 소득과 건물 몸값 상승을 모두 얻을 수만 있다면 더할 나위 없는 효자 상품일 것이다.

꼬마 빌딩이란 20억~50억 원 안팎에 거래되는 빌딩을 말하는데, 보통 지상 5~7층 규모로 소형 상업·업무용 건물이다. 대출을 끼고 10억~20억 원의 실투자금으로도 도전해볼 수 있는 정도다. 특히 서울 강남권이나 주요 역세권의 목 좋은 빌딩이 요즘 인기를 누리고 있다.

그런데 빌딩 투자가 말처럼 쉽지만은 않다. 일반적으로 상가 혹은 오피스텔을 분양받으면 연 5퍼센트 이상의 임대수익을 바라볼 수 있지만 빌딩은 대체로 3~4퍼센트대에 머문다. 소위 말하는 고수익 상품은 아니라는 말이다. 초저금리 시대에는 그 정도의 임대수익률도 괜찮을지 모른다. 하지만 금리가 인상되면 메리트가 떨어질 수 있다.

일반적으로 강남권은 4퍼센트 이상, 비강남권은 5퍼센트 이상의 수익률을 확보하는 것이 좋다. 하지만 눈에 보이는 것이 전부는 아니다. 주변 여건을 봐야 한다. 최근 상권이 쇠락하면서 공실이 늘고 있거나 급격하게 식음료 업종이 늘어나고 있다면 상권의 힘이 떨어지는 중인 것이다. 당장 수령하는 월세 수준이 높아도 공실이 발생하면 수익률은 급전직하하기 때문에 전체적으로 수요 측면에서 전망이 괜찮은지 판단하는 것이 선결 과제다.

흔히 역세권이거나 가시성이 좋은 사거리 코너 자리가 좋다고 한다. 실제로 1층 점포가 전체 월세에서 30퍼센트 이상을 차지하는 경우가 많기 때문에 1층 점포가 어떻게 자리 잡고 있는지 고려하는 것이 요점이다. 그러나 부동산 투자에서 '보기 좋은 떡이 먹기도 좋다'라는 속담이 언제나 들어맞지는 않는다. 유동인구가 많거나 접근성이 좋아도 이상하게 매출 수준이 낮은 상권이 의외로 많다. 주변 소득 수준과 출퇴근 동선은 어떠한지, 주중과 주말의 매출은 어떻게 다른지, 모이는 상권인지 흐르는 상권인지, 주 소비층이 10 대인지 20~30대인지에 따라 점포 유지 기간과 월세 수준이 달라지는 게 상권이다.

개발 상황, 적정 가격 여부 따져야

주변 개발 여건을 중요시한다면 개발 일정을 제대로 파악해야 할 것이다. 집객시설이 들어서거나 역이 생기면 시세가 오른다. 하지만 호재가 발표되는 순간부터 부동산 가격도 오르기 시작한다. 이런 시각에서 보면 일찌감치 투자해야 유리할 듯하지만 개발 일정이 수년간 지연된다면 가격 상승폭이 꺾이면서 기대심리가 시세에 반영되는 속도도 떨어질 수 있다.

따라서 수없이 현장을 들락거려야 한다(임장활동). 매물을 많이 봐야 안목이 넓어지기 때문이다. 매물이 적정한 가격인지 여부는 단순히 월세와 수익률만 놓고 평가할 수 없다. 공시지가도 확인해야 한다. 서울 인기 지역은 공시지가의 3~5배까지 시세가 폭등한 곳이 있었는데 이때 시세에 거품이 끼어 있는지 알아야 한다. 또한 건물이 얼마나 노후했는지도 빼놓지 말고 따져봐야 한다.

투자자 본인의 나이, 직업, 자산 규모에 따른 좀 더 디테일한 분석도 해야 한다. 근로소득이 있다면 월세를 많이 받는 만큼 세금을 많이 내야 한다. 이럴 때는 토지가치가 높은 지역에 있는 매물을 선택하고, 월세를 낮추더라도 보증금과 전세 비중을 높일 수 있는 방법을 찾아야 한다. 반면 은퇴 후 임대수익에 의존하는 경우라면 월세가 높은 쪽이 당연히 유리하다. 따라서 지역적 가치를 보기보다 가격에 비해 임차료 수준이 높은 물건을 찾는다면 서울 외곽이나 지방 구도심이 나을 수 있다.

무리한 대출, 공실 리스크 피하라

어떤 부동산이든지 적절한 레버리지 활용은 수익률을 극대화하는 도구다. 하지만 무리하게 대출을 받아 본인에게 맞지 않는 수준의 부동산을 매입하는 것은 금물이다. 가능하면 전체 투자 금액의

40퍼센트 이내로 대출 비중을 잡는 것이 좋다. 공실 같은 예상치 못한 리스크에 대비할 필요가 있기 때문이다.

빌딩 관리는 한두 개의 점포나 사무실을 임대하는 사업이 아니다. 많은 수의 임차인을 관리하고, 임대료를 징수하고, 임차를 갱신하고, 신규 임차 계약을 해야 한다. 표면적인 임대수익률만 보고 투자했다가 예상치 않게 임대료가 하락하면 낭패를 볼 수 있으므로 다른 상품에 비해 보수적으로 접근하는 것이 바람직하다. 앞에서 말했듯이 다른 수입이 있다면 세금도 공포의 대상이 될 것이다.

지역적으로는 역시 우량 상권에 위치하는 건물이 좋은데, 투자자가 선호하는 역세권 지역 중에 임차인 교체가 빈번하지 않은 안정적인 곳이 좋다. 장사가 잘돼서 1년 단위로 월세를 올리며 재계약하는 명동이나 가로수길 같은 초특급 상권을 제외하면, 잦은 임차인 교체는 매출 부진으로 철수하는 점포가 많은 것이라고 볼 수밖에 없다.

꼬마 빌딩 못지않게 최근 몇 년 사이 수익형 시장에서 두각을 나타내는 상품이 상가주택이다. 정확히 말하면 점포겸용주택이다. '상가주택 하나 있으면 노후 걱정은 끝이다'라는 생각 때문인지 주거 환경과 입지가 좋은 상가주택지(점포겸용택지)의 청약 경쟁률은 수천 대 1까지 치솟기도 했다. 수도권만 아니라 전국의 상황이 비슷하다.

우리나라의 구도심에서는 상가주택을 흔하게 볼 수 있다. 서울 시내에도 이면도로 곳곳에 수없이 많은 상가주택이 자리 잡고 있다. 하지만 구도심 지역의 상가주택은 생각만큼 인기가 없다. 땅값이나 건물 시세에 비해 상가 점포에서 얻을 수 있는 임대료 수준은 크게 오르지 않아 임대수익률이 낮기 때문이다. 소위 뜨는 상권에 위치한 상가주택의 임대료는 자고 나면 오르고 있지만 그 상승폭만큼 상가주택 자체의 몸값도 비싸져 결국 수익률은 높지 않게 된다.

최근 돈이 몰리는 곳은 역시 신도시다. 90년대부터 분당, 일산 등은 단독주택 용지를 많이 공급했다. 주로 원주민에게 우선 분양권을 주는 방식이었다. 이후 수도권에서는 성남 판교, 화성 동탄1, 파주 운정, 김포 한강 같은 1.5기 신도시에 상가주택 단지가 본격적으로 형성됐다. 그중 상가주택 열풍의 불씨는 판교신도시라는 것이 업계의 공통된 증언이다. 2006년부터 원주민과 협의양도인에게 우선 공급된 판교 택지는 당시 3.3제곱미터당 800만 원대였는데 땅값에 거품이 끼어 있다는 인식이 있어 상당수가 미분양 상태로 남았다. 하지만 서판교 일대가 고급 주거 지역으로 탈바꿈하고 부동산 시장이 실거주자 위주로 재편되면서 상승 기류가 만들어졌고 이후 시세가 두 배 이상 오르면서 각광을 받게 된 것이다.

판교 상가주택 시세는 2008년 이후 50~100퍼센트포인트가량 올랐다. 주택만 두 개 층을 지을 수 있는 단독주택에 비해 시세 상승이 훨씬 컸다. 이러한 판교발 상가주택의 인기는 동탄2, 위례신도시에 그대로 옮겨갔다. 때마침 카페거리가 곳곳에서 큰 호응을 얻으면서 상가주택 단지에 카페 상권을 만들어냈다. 그 덕분에 용인 죽전같이 상당히 오래된 신도시나 택지지구의 상가주택도 가치가 올라갔다.

그러나 판교신도시 상가주택의 평균 수익률을 통계로 낸 자료를 보면 2014년 이후 최근까지 연 수익률이 3퍼센트를 넘지 못하고 있다. 이처럼 수익률이 기대에 못 미치는 몇 가지 이유가 있다. 우선 프리미엄이 붙은 상태에서 거래가 이루어지다 보니 원래 시세와 비교했을 때 수익률은 당연히 떨어질 수밖에 없다. 또한 상가주택 밀집 지역 자체가 애초에 역세권이나 아파트 단지 인근이 아닌 곳에 형성돼서 업종 구성에 한계가 있다는 문제도 있다. 식당이나 술집, 생활 밀착형 업종 중심으로 상권이 만들어지면 임대료 수준도 해당 업종이 지불할 수 있는 수준에 머물게 된다.

1기 신도시, 외곽 지역 상가주택 전망 밝다

동탄1신도시나 용인 죽전·보정동 일대 상가주택의 수익률은 각각 3.1퍼센트, 3.4퍼센트 수준으로 좀 더 낫다. 동탄이나 죽전이 장사가 더 잘되고 상권이 좋아서가 아니다. 공실률이나 임차 시세는 신도시마다 큰 차이가 없다. 대부분 비슷한 상권이 형성되기 때문이다. 따라서 답은 역시 투자 금액에 달려 있다. 투자 금액이 낮아야 수익률이 올라가는 것이다. 판교는 최소 15억 원에서 많게는 30억 원 정도를 투자해야 상가주택을 매입할 수 있다. 위례신도시도 강남권에 위치한다는 이유만으로 용지 가격이 상당하다. 거기에 3억~4억 원의 프리미엄이 붙어 있어 수익률 확보가 쉽지 않다. 하지만 동탄, 영종, 한강신도시에서는 10억 원 미만으로 투자가 가능하기 때문에 입지나 개발 여건에 따라 연 4퍼센트 이상의 수익을 기대할 수 있다.

좋은 상가주택이란 역시 지역과 입지에 달려 있다. 특히 상가주택 임대수익의 약 70퍼센트를 차지하는 1층 상가에서 높은 임대료가 나와야 하므로 상권 예측이 가장 중요하다. 단지 판교, 위례, 동탄 등 신도시 이름만 보고 투자하는 것은 금물이다.

상권은 배후가 절대적으로 중요하다. 학교나 도서관이 가까우면 학생들이 몰린다. 교회나 대형 할인점이 인접한 곳도 영양가가 높다. 아파트 단지에서 도보로 3분 이내 거리에 있다면 근린 업종을 유치하기 유리하다. 반면 대학교가 가까우면 술집 등이 주로 입점하므로 장기적으로 주거환경을 해치거나 지역 이미지가 하락하는 등의 부작용도 있다.

아직 상가주택이 본격적으로 공급되지 않은 신도시를 눈여겨보는 것도 방법이다. 인천송도신도시는 2007년경부터 입주를 시작했지만 상가주택은 2019년부터 11공구 등에 본격적으로 공급된다. 송도신도시에는 아파트 단지 내 상가와 곳곳에 흩어진 근린상가 외에 상가 밀집 지역이 없어 만성적으로 상가 물량이 부족한 상태다. 또한 단독주택 물량도 절대적으로 부족해 그동안 수요가 쌓여 있을 것으로 예상된다.

세종시 역시 초기에 상가주택이 많이 공급되지 않았기에 물량이 부족한 상황이다. 특히 세종시는 개발 기간이 매우 길기 때문에 순차적으로 블록이 형성되는데 그 기간 동안 일부 상권이 독점적인 혜택을 누릴 가능성이 높다. 판매, 쇼핑 등을 담당하는 핵심 상권도 필요하지만 주택가 인근의 근린 상권도 반드시 있어야 한다.

노후 대비나 장기 투자용으로 상가주택을 마련할 생각이라면 이처럼 아직 조명받지 못한 신도시를 눈여겨봐야 한다. 최근 가장 뜨거운 부동산 상품을 꼽으라면 단연 신도시 상가주택이다. 하지만 순간의 인기에 쉽게 휩쓸리는 우리나라의 시장 분위기를 고려하면 이런 현상이 장기간 이어질 것이라고 낙관적으로 예상할 수는 없다. 앞서 언급한 것처럼 어느 곳이나 공실률이나 임차 시세는 비슷하기 때문에 청약 열풍으로 유명세를 타고 있는 지역은 신중하게 접근하고, 오히려 여론의 관심 밖에 있어 투자비용을 줄일 수 있는 곳을 적극적으로 검토하는 편이 현명하다. 그런 면에서 판교와 위레보다 송도, 평택, 세종시 등 서울 접근성이 상대적으로 떨어지는 지역을 주목할 필요가 있다.

살펴본 꼬마 빌딩과 상가주택 모두 자산가가 선호하는 상품임이 분명하지만 최전성기는 한풀 꺾인 듯하다. 시세 상승이 주춤하기 때문이다. 임대 수익률이 높지 않은 대신 주변 호재에 따른 시세 상승은 아직 노릴 만하다는 공통점은 있다.

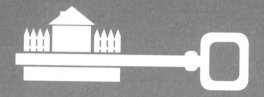

4
chapter

문재인 정부의
부동산 정책 기조와
2019년 흐름은?

부동산 대책이 발표될 때마다
집값이 뛰는 이유는?

- 힘으로 시장 압박할 수 있다는 생각은 크나큰 오산
- 나팔불기식 부동산 대책 발표 역시 효력 다하면 소용없다

대통령	발표시기	주요내용
노무현	2003. 5. 13	재건축 후분양제, 주상복합 전매금지, 투기과열지구 확대
	2003. 9. 5	재건축 소형평형 의무비율 도입, 재건축조합원 지위양도 금지
	2003.10.29	주택거래 신고지역 지정, 다주택 양도세 강화, 종부세 예고
	2005. 2. 17	초고층 재건축 불허, 재건축 안전진단 강화
	2005. 5. 4	2주택자 양도세 실거래가 과세, 종부세 강화
	2005. 8. 31	종부세 강화, 양도세 강화, 재산세 과표적용률 상향, 분양가상한제 확대
	2006. 3. 30	재건축 개발이익환수제, 고가주택 대출요건 강화
	2006. 11. 15	LTV규제 강화

	2008. 6. 11	금융규제 완화, 취등록세 완화, 모기지보험 확대
	2008. 8. 21	재건축 규제완화, 신도시 추가지정, 전매 제한기간 완화
	2008. 9. 19	주택 500만 채 공급계획, 뉴타운 추가지정, 용적률 완화, 그린벨트 규제완화
	2008. 9. 23	종부세 완화 개편
	2008.10. 21	가계부담완화, 투기지역·과열지구합리적조정
	2008.11. 3	분양권 전매제한기간 연장, 청약 1,2순위 강화, 재당첨 제한
	2009. 8. 27	취득세 인하, 국민주택기금 지원확대, 임대아파트 확대, 전월세부담 완화
	2010. 4. 23	비강남권 DTI 규제 완화, 미분양주택 해소
이명박	2010. 8. 29	DTI 완화, 취등록세 감면 연장, 생애최초주택 구입시 지원
	2011. 1. 13	소형 공공임대주택 공급, 소형주택 건설규제완화
	2011. 2. 11	매입임대주택 세제지원, 건설사가 미분양주택 매입시 세제지원
	2011. 3. 22	DTI 규제완화 폐지, 생애최초 주택자금 대출지원, 취득세 감면
	2011. 5. 1	양도세 완화, 미분양주택 해소방안, 건설사 구조조정 및 유동성 지원
	2011. 8. 18	민간 임대사업 지원확대, 주거용 오피스텔 임대사업 등록
	2011. 12. 7	다주택자 양도세 중과폐지, 강남3구 투기과열지구 폐지, 주택구입자금 지원
	2012. 5. 10	강남3구 투기지역 해제, 보금자리주택 전매제한기간 완화

박근혜	2013. 4. 1	다주택자 양도세 중과폐지, 보금자리 분양주택 축소, 행복주택 발표
	2013. 7. 24	DTI, LTV 규제완화
	2013. 8. 28	취득세 인하, 임대주택 공급활성화, 서민중산층 전월세부담 경감
	2013. 12. 3	정책모기지 통합, 공유형모기지 본사업 실시, 행복주택 일부축소
	2014. 2. 26	임대소득 과세 방안
	2014. 3. 5	임대소득 과세 관련 보완
	2014. 7. 24	DTI, LTV 규제완화
	2014. 9. 1	재건축가능연한단축, 임대주택의무건설비율·기부채납완화, 청약제도개편
	2014. 10. 30	민간임대주택확대, 준공공임대주택, 서민주거복지
문재인	2017. 6. 29	가계부채연착륙(고정금리대출·비거치식분할상환대출 비중확대)
	2017. 8. 2	투기과열지구·투기지역재지정, 다주택자 단기투자억제
	2017. 9. 5	투기과열지구 추가지정, 분양가상한제 적용요건 개선
	2017. 10. 24	가계부채 종합대책, DTI, DST 도입
	2017. 11. 29	주거복지로드맵 발표, 100만 호 공급계획
	2017. 12. 13	임대주택등록 활성화방안, 임차인권리보호 강화
	2018. 7. 5	신혼부부·청년 주거지원방안
	2018. 8. 27	투지지역 추가지정, 대출규제 강화
	2018. 9. 13	종부세율 강화, 신규 공공택지 개발

168

시장 경제 체제에서는 정부가 시장에 적극적으로 개입할 것이 아니라 원만하게 흘러가도록 관리해 주는 것이 이상적이라는 게 내 생각이다.

주택이 부족하고 부동산 시장이 급속히 팽창하던 시절에는 적절하게 때로는 강도 높은 부동산 정책을 펼칠 필요가 있었다. 그런데 주택 보급률이 높아지고 시장 사이클이 안정화되는데도 인위적으로 시장에 충격을 주는 잦은 정책 발표는 절대 바람직한 일이 아니다. 노무현 정부 시절부터 이명박, 박근혜 정부에 이르기까지 발표된 부동산 대책만 33개. 한 정부당 평균 10개가 넘는 대책을 쏟아 낸 셈이다. 새 정부 역시 출범 이후 벌써 아홉 번의 굵직한 대책 발표가 있었다.

인위적으로 시장에 충격 주기는 구태적 발상

이뿐 아니다. 여권 인사와 국토교통부 등 관련 부처에서, 검토 중인 쟁점이나 민감한 정책을 수시로 언론에 흘려 유리한 쪽으로 분위기를 잡아 가는 일도 아직 빈번하다.

역대 정권이 펼친 부동산 대책 내용을 대충만 봐도 알 수 있듯이 부동산에 시장 관리 차원으로 접근한다기보다 정권의 지지율에 영향을 미칠 수 있는 이데올로기적 사고로 개입한 것도 사실이다.

노무현 정부는 집권과 동시에 '부동산 가격과의 전쟁'에 들어갔다. 서민 주거를 안정시키려면 투기꾼을 잡아야 한다는 명분을 앞세웠다. 사실 5년 내내 참여 정부가 발표한 부동산 정책은 하나같이 강력한 규제 일변도에 치우쳐 있었다. 투기과열지구 확대, 재건축 초과이익환수제, 종합부동산세 신설, 주택거래 신고지역 지정, 다주택자 양도세 강화, LTV 강화 등이 연이어 모습을 드러냈다.

　그런데 이러한 각고의 노력에도 불구하고 끝내 집값은 잡히지 않았다. 오히려 2003년부터 부동산 가격은 천정부지로 올라갔다. 2003년부터 2005년까지 전국 부동산 가격은 40퍼센트 이상 폭등했다. 특히 강남 집값은 일주일에도 수천만 원씩 오르는 일이 흔해지면서 빚을 내서 집을 사도 무조건 이익을 본다는 심리가 퍼져 전 국민을 부동산의 세계로 끌어들이는 역할을 했다.

　나는 당시 참여 정부의 가장 큰 오판이 바로 힘으로 시장을 압박하는 게 가능하다고 믿었다는 점이라고 생각한다. 오늘날 정권이 바뀔 때까지 어떻게든 버텨보자는 심리와 오른 세금만큼 집값에 전가시키는 관행은 그때 만들어진 것이다. 또 특정 지역을 지목해서 수요를 막아보려 하면 할수록 해당 지역이 더 오를 것이라는 기대감이 증폭되면서 가수요가 오히려 늘어난다는 점도 많은 교훈을 준다.

　정부의 정책 개입이 실효를 거두기보다 논란만 증폭시킨 사례는 너무나 많다. 2011년에 취득세 감면 혜택으로 주택 거래가 크게 늘었다고 부동산 정보업체들이 주장했지만 일각에서는 실제 취득세 효과였다기보다 계절적 요인과 지역 변수가 개연됐을 가능성이 크다는 분석도 나왔다.

자본호황기에 부동산은 잡히지 않는다

문재인 정부는 참여 정부와 마찬가지로 강력한 규제가 실제로 시장을 안정시킨다고 믿는 듯하다. 규제 폭탄이 하나 터질 때마다 단기적으로 거래량은 감소하지만 가격은 그대로이거나 다시 오르는 패턴은 이미 15년 전부터 그래왔다. 거래량이 감소한다고 가격이 바로 떨어진다고 믿는 사람은 더는 없다.

참여 정부 시절 부동산 정책이 실패한 이유는 결국 시장과 싸우려 했기 때문이다. 이미 시장을 구성하는 개개인은 정부의 머리 위에 올라가 있다. 세금을 올리거나 대출을 규제하면 버티기 전략으로 들어가거나 전세가격을 더 심하게 올리고, 특정 지역이나 시장을 규제하면 오히려 급매물을 매수해 오를 때까지 장기적으로 기다리면 그만이다.

요즘 같은 자본 호황기에 부동산을 잡겠다는 생각은 그야말로 계란으로 바위치기다. 수도권에 사는 사람들에게는 '아파트는 오르던 대로 오른다, 잠시 주춤하더라도 그건 이보 전진을 위한 일보 후퇴일 뿐이다'라는 인식이 이미 자리 잡고 있다. 게다가 매년 평균 3퍼센트씩 오르는 주택 가격은 인기 지역일수록 더 많이 오른다. 이런데도 부동산에서 손 떼라고 하면 누가 그 말을 듣겠는가.

나는 기본적으로 정부가 부동산 시장에 최소한으로 개입해야 한다고 생각한다. 시장은 시장 흐름대로 두는 것이 좋다. 상승 시장이든 하락 시장이든 시장을 관리하는 데 그쳐야 할 정부가 부동산을 쥐락펴락 하려 한다면 될 것이 아무것도 없다.

어쨌든 현 정부는 규제 쪽으로 방향을 잡은 듯하니, 어떤 대책이 나올 것인지와 그에 따른 시장 흐름을 알아보도록 하자.

2019년에 대두될
주요 정책카드들

- 2018년에 웬만한 카드 다 나왔다
- 세제 인상, 후분양제는 지역별로 변수될 수 있어

2018 상반기에 종합부동산세 인상, 대출 규제(신DTI·DSR 도입), 재건축 규제 등의 정부 규제가 잇따라 시행됐다. 분양가상한제 적용 주택을 확대하고, 재건축 초과이익 환수에 나섰으며, 무주택자 우선으로 청약제도를 개편하는 등 예상했던 대표 카드가 연이어 시행됐다.

물론 정부가 강력한 규제책을 편다고 주택가격이 곧바로 안정되거나, 부양책을 편다고 곧바로 시장이 달아오르는 것은 아니다. 강력한 규제책을 폈던 시기에 집값이 오히려 크게 오른 역대 사례가 이를 증명한다.

벌써 아홉 차례나 부동산 대책을 발표했지만 현 정부는 여전히 쓸 카드가 많다고 하고 있다. 문재인 정부 출범 후 후퇴 없는 집값 잡기 전쟁을 선포한 김수현 정책실장은 8·2 부동산 대책과 9·13 대책 등에 깊숙이 관여한, 현 정부 부동산 정책의 콘트롤타워다. 그동안 집값 상승과 관련해 규제 일변도의 정책을 선보인 데다, 집값을 잡기 위해서라면 한 치의 물러섬도 없을 것이라고 목소리를 높이고 있다. 이런 상황이라면 더 강도 높은 규제 정책이 나올 가능성이 크다. 이제 2019년에 이슈가 될 주요 정책 카드들을 살펴보도록 하자.

보유세 인상

세제 정책은 한 번 결정되면 시장에 엄청난 파장을 몰고 올뿐더러 다시 되돌리기 힘들기 때문에 세밀한 사전 조사와 충분한 시뮬레이션이 필요하다. 2017년에도 그랬지만 최근 들어 정치권을 중심으로 부동산 보유세 증세 논란이 뜨겁다. 9·13 대책이 반영된 종부세법 개정안은 이미 국회에 상정돼 있고 치열한 논의가 진행 중이다. 김수현 청와대 정책실장은 고가 다주택 소유자부터 보유세를 인상할 수 있다고 발언했다.

보유세는 토지, 주택 등을 보유한 사람이 내는 세금으로 우리나라에서는 재산세와 종합부동산세를 총칭하는 용어다. 그동안 한국은 다른 나라에 비해 취등록세, 양도소득세 등 거래세는 높지만 보유세는 낮으므로 보유세 인상이 필요하다는 주장이 많았다.

우리나라 보유세 부담률은 2011년 기준 0.79퍼센트로 OECD 회원국 평균(1.09퍼센트)보다 낮다. 또 미국, 영국 등은 전체 조세 수입에서 부동산 보유세가 차지하는 비중이 10퍼센트 가까이 되지만 한국은 3.2퍼센트 수준이다. 주변국인 일본은 6.4퍼센트다. 부동산 시가 총액이 높고 국부에서 부동산이 차지하는 비중이 높다는 점을 감안하면 보유세 인상 주장은 분명히 설득력과 명분이 있다.

하지만 급격한 규제는 늘 부작용을 낳기 때문에 중장기적인 접근이 필수라고 본다. 보유세를 인상한다면 상대적으로 거래세(취등록세, 양도세)를 낮춰주는 것이 상식이다. 보유세가 올라가는데도 양도세를 과하게 물어야 한다면 집을 팔아야 하는 사람은 진퇴양난 상태에 빠진다. 월세 받아서 먹고사는 계층에게는 세금 인상이 곧 임대수익률 악화로 이어지므로 큰 곤란에 처하게 된다. 그러면 결국 월세를 올릴 수밖에 없다. 더 길게 보면 '세금 자본화(tax capitalization)', 즉 세금은 임대료와 부동산 가격에 언젠가는 반영되므로 이는 가격 상승으로 이어진다는 경제적 효과를 심각하게 고민해볼 필요가 있다.

차제에 부동산에 관련한 전반적인 세제 개편 논의로 가닥을 잡아가는 것이 바람직하다. 정치인 몇 명이 여론을 만들 게 아니라 학계와 당국, 실무진이 충분한 합의와 조율을 거쳐 큰 줄기부터 접점을 찾아가야 한다.

야당을 중심으로 펼쳐지고 있는 보유세 인상 반대 의견에도 귀를 기울일 필요가 있다. 주장의 근거는 다음과 같다. 첫째, 보유세를 올리면 주택소유자가 임대료를 올려 임차인이 피해를 보게 된다. 둘째, 보유세를 올리면 조세저항이 심해져 결국 정책이 실패하고 말 것이다. 셋째, 보유세를 올린다고 부동산 가격이 하락한다고 볼 수 없으며 거래만 실종된다. 넷째, 부동산에 보유세를 중과하면 해외나 다른 곳으로 유동 자금이 유출된다. 다섯째, 주택가격의 등락은 주택의 수요와 공급 정책, 은행 대출 요건, 금리, 경제 현황에 따라 가장 크게 변하며 조세 정책의 영향은 그리 크지 않다.

재건축초과이익환수제

이 제도는 재건축 시장 과열을 막고자 만들어졌다. 재건축 초과이익이란 '재건축 사업으로 얻은 정상 주택 가격 상승분을 초과한 이익 중 조합 또는 조합원에게 귀속되는 가격 증가분'을 말한다.

초과이익환수제는 올해 초부터 본격적으로 시행됐다. 그런데 3월에 ▲서울 강남구 대치쌍용2차 ▲서울 송파구 잠실주공5단지

▲서울 금천구 무지개 아파트 ▲서울 강동구 천호3주택 ▲경기 안양 뉴타운맨션삼호아파트 ▲경기 과천 주공4단지 ▲부산 대연4구역을 비롯한 총 8곳의 재건축 조합이 '재건축초과이익환수제가 국민 평등권, 재산권, 행복추구권을 포함한 기본권을 침해한다'는 내용이 담긴 위헌심판청구서를 헌법재판소에 제출했다.

이 제도를 간단히 설명해보겠다. 전체 단지의 개발 초과 이익에 부과율을 곱하면 재건축 부담금 총액이 산정된다. 초과 이익을 조합원수로 나누면 조합원당 평균 이익이 나온다. 1인당 평균 이익에 1인당 부과율을 곱하면 개별 부담 금액이 된다. 초과 이익이 3000만 원이 넘는 조합원은 이익 금액에 따라 최대 50퍼센트까지 누진 부과되는 부담금을 내야 한다.

문제는 이 제도가 시장에 미칠 영향이 어느 정도인가 하는 점이다. 많은 업계 관계자는 "초과이익환수제가 시행된다면 당분간은 환수금의 규모나 사업성을 따져보느라 재건축 추진 속도가 더뎌질 것이고, 아예 사업 추진을 포기하는 단지도 생겨날 수 있다"고 전망한다.

실제로 2017년 하반기에 초과이익환수제를 피해 사업시행인가를 받으려고 사업 일정을 급하게 앞당기는 사례가 속출했다. 잠실주공5단지, 가락1차현대, 가락극동, 삼환가락 등 송파구의 주요 단지와 신반포3차·경남아파트와 잠원동 신반포14차 재건축 조합이 이때 인가를 받았다.

2018년 들어서는 대치쌍용1차와 반포주공1단지 3주구 등 재건축 최대어로 꼽히는 단지마저 수억 원에 달하는 재건축초과이익 환수금에 부담을 느껴 시공사 계약이 늦어지는 등 사업이 지연되는 상황이다. 문제는 재건축초과이익환수제 같은 정부 규제 때문에 재건축을 통한 주택 공급이 줄어든다면 3~4년 내 주택 공급난이 더 가중될 가능성이 크다는 점이다. 특히 서울은 현재 신규 주택 공급을 대부분 정비 사업에 의존하고 있어 중장기적 주택 공급에 큰 차질이 있을 듯하다.

전월세상한제와 계약갱신청구권

진보 정당과 시민 단체를 중심으로 오랫동안 입법 주장이 있어 온 전월세상한제와 계약갱신청구권은 세입자의 지위를 보호하고 나날이 상승하는 전세·월세 때문에 서민들이 받는 고통을 줄여보자는 취지를 담고 있다. 여전히 참여연대 등 시민단체가 이 제도를 속히 시행하라고 촉구하고 있어 2019년에 또 한 번 부동산 시장에서 이슈가 될 가능성이 높다.

집값 상승을 억제하고 공공 주택을 늘리는 정책이 시장의 큰 줄기에 해당한다면 이 두 제도는 민간 임대 시장을 안정화하겠다는 의도가 강하다. 뿐만 아니라 문재인 후보의 대선 공약 중 대표적인 것들이었기 때문에 2019년 중 본격적으로 시행될 가능성이 높다고 보고 있다.

2017년에 발표된 '주거 복지 로드맵'에는 서민의 주거 사다리 마련을 위한 생애단계별 맞춤형 주거복지 지원, 공적 임대주택 공급 확대, 사회 통합적 주택정책 추진과제 등이 담겨 있다. 물론 전월세상한제와 계약갱신청구권이 당연히 포함됐다.

그런데 국토부가 강하게 추진하는 임대사업자 등록 방침은 전월세상한제, 계약갱신청구권과 깊은 관련이 있다. 집주인이 임대사업자로 등록하면 이후 최대 8년 동안 전월세상한제와 계약갱신청구권제를 적용받게 된다. 전월세상한제는 집주인이 전월세 가격을 연간 5퍼센트 이상 올리지 못하도록 한 것으로 임대사업자에게 부여되는 가장 기본적인 의무다. 또 계약갱신청구권은 세입자가 해당 주택에 더 거주하고 싶다면 집주인에게 계약을 연장해달라고 요구할 수 있는 권리인데 이게 임대사업자로 등록할 때 강제된다. 전월세 가격은 5퍼센트 이내에서 동결된다. 임대사업자로 등록하면 세금 관련 혜택은 커지는 반면 임차인에게 끌려다닐 수 있다.

또 하나의 문제는 임대 시장이 받게 될 충격이다. 우선 집주인들이 제도 시행 전에 과도하게 전세값을 올릴 가능성이 높다. 반대로 계약 기간이 완전히 끝났을 때 그동안 올리지 못한 인상분을 모두 포함해 임차인에게 전가하는 집주인도 생길 것이다. 결국 이 상태로는 제로섬 게임이다.

앞의 두 제도가 도입될 경우 오히려 임대 사업에 대한 의지가 약화되고 보증금 없는 임대 방식으로 법망을 피하다 보면 정작 임대 물량 자체가 줄어드는 결과를 낳을지도 모른다. 그러면 공급이 부족해져 임대 가격은 더 급격하게 상승할 것이다.

입주자 입장에서는 전세를 오래 살 수 있겠지만 물량이 부족하다면 이사를 가야 할 때 희망하는 매물을 구하지 못하므로 이사철마다 전세난을 다시 겪을 가능성이 있다.

전월세가 안정되려면 전월세 물량을 많이 공급하는 수밖에 없다. 또 임대사업자 등록을 더 활성화해 정확한 월세 정보가 통계로 나와야 한다. 그래야 월세가 많이 오르는 지역이 어디인지 파악해 부분 처방이라도 할 수 있다.

이 밖에도 후분양제 본격 도입과 분양원가 공개 등 커다란 부동산 규제 카드가 내년도 이슈로 떠오르고 있다. 후분양제와 분양원가 공개는 별도의 장에서 깊이 다루기로 한다.

서울 집값은
절대 잡히지 않는다

• 급조된 규제 정책은 시장에서 먹히지 않아
• 세계 주요국 가격과 상승률 고려하라

　우리나라 부동산 시장은 수십 년 동안 정부의 대책이 발표되면 일시적으로 안정됐다가 다시 큰 폭으로 불안정해지는 양상을 되풀이해왔다. 규제 정책이 발표된 후에는 잠시 동안 숨고르기를 하다가 더 가파른 상승으로 이어져 온 것이다.

　특히 2017년 이후 연이은 정책 폭탄을 터뜨려도 꿈쩍 하지 않고 치솟는 서울 집값은 그야말로 '정책 무용론'을 강력하게 뒷받침하는 논거로서 손색이 없다. 서울에서 집 한 칸 알아보던 실수요자들은 요즘 들어 대부분의 지역에서 매매 가격이나 분양가가 두 배는 오른 것 같다고 입 모아 얘기한다. 실제로 한국감정원 통계만 보더라도 문재인 정부 들어 서울 집값은 약 18개월 동안 40퍼센트포인트가량 오른 것으로 나타난다.

금기시되던 대출 옥죄기와 종부세 강화 카드까지 나왔고 3기 신도시 개발 등 파격적인 공급 정책까지 발표될 만큼 서울 집값을 잡고 말겠다는 정부의 의지는 대단해 보인다. 그런데 이게 과연 효과가 있을까?

아마도 서울 부동산 시장은 절대 위축되지 않을 것이다. 우리나라 경제 정책은 대개 시장 상황에 따른 후행적 조치에 지나지 않는다. 부동산 정책 역시 마찬가지다. 주택 시장 상승세에 놀라 황급히 급조해 내놓은 조치임을 사람들은 다 알고 있다.

중장기적 주택 공급 막혀 가격 안정시킬 수 없다

서울 집값이 잡히지 않는 이유는 주택 공급이 단기 혹은 중기적으로 막혀 있어 원하는 집을 구하기 어렵기 때문인데, 정부는 오직 다주택자와 투기 세력의 농간 탓이라고 생각하는 듯하다. 뒤늦게 수도권에 30만 가구를 공급하겠다고 발표한 건 판단이 틀렸음을 자인한 셈이다. 김현미 장관이 취임사에서 "(부동산) 과열 원인은 공급 부족이 아니다", "이번 과열 양상의 원인을 공급 부족에서 찾는 분들이 계신 것 같다. 그러나 현실은 다르다"라고 확신에 차서 말한 지 1년밖에 지나지 않았는데 말이다.

서울의 주택 보급률은 96퍼센트에 달하지만 자가 보유율(59퍼센트)이 낮아 40퍼센트가 넘는 사람들이 세입자로 살고 있다. 2015년 기준 서울 지역 주택 보급률(96퍼센트)은 주택수 363만3000채와 일반 가구수 378만4490가구를 기준치로 잡아 산출한 것이다. 1인 가구(111만5000가구)와 다가구 주택(118만7440가구 거주)은 통계에 모두 포함돼 있다. 주택수 363만3000채에는 약 8만 가구의 빈 집이 포함돼 있고 멸실 주택은 빠져 있다.

서울의 단독주택은 35만5039채(일반 8만8163채, 다가구 21만7616채, 영업 겸용 4만9260채)이고 가구수 기준으로 127만8908가구다. 아파트에 총 158만6400가구가 거주하고 빈 집과 멸실 주택을 포함해 5만 가구 정도가 통계에서 배제됐다. 그밖에 연립 11만1254가구, 다세대 61만8809가구, 비주거용주택 8만6362가구가 주택수에 포함된다.

가구수는 391만4820가구 중 외국인 등 13만 가구를 빼면 378만4490가구다. 논란의 여지를 안고 있는 준주택(오피스텔, 기숙사, 고시원)은 통계에서 빠져 있다. 준주택에 살고 있는 가구수는 약 20만 가구로 추정된다. 서울 시내 오피스텔 공급량은 약 12만 실이다.

이처럼 서울 주택 공급량은 절대적 부족까지는 아니지만 여전히 충분하지 못하고 각종 규제에 막혀 있어 신규 공급이 어렵다. 서울의 인구 1000명당 주택수는 366.8호다. 미국이 419.4호, 일본은 무려 476.3호인 데 비해 절대량이 부족하다는 데 누구도 이의를 달지 못할 것이다. 최근 미국을 가보면 동부, 서부, 대도시, 중소도시 할 것 없이 주택이 부족하다고 난리다. 인구 1000명당 419.4호인 미국조차 주택 매물이 부족하고 가격이 꾸준히 오르는 현상을 보이는 것을 우리의 정책으로는 설명할 수 없다.

도시 과밀화와 인구 집중으로 가격 상승 이어질 것

2010년대 들어 경제 선진국 반열에 들어선 나라는 공통적으로 도시 과밀화, 인구 집중, 토지비와 건설비용 상승, 공급 정체 때문에 주택 가격이 일제히 오르고 있다. 물론 세계적인 저금리 기조도 주요 원인이다. 국내만 집값이 오른다면 모르겠지만 세계적인 주택 시장 상승과 함께 올라가는 집값, 그리고 부족한 서울 주택 공급량을 생각한다면 인위적으로 상승 기류를 누르는 방식이 얼마나 무모한 정책인가를 알 수 있다.

2016년 11·3 대책 발표 후 떨어진 전국 주택 가격은 이듬해인 2017년 1월에 다시 상승으로 전환됐고 2017년 6·19 대책 때는 발표 후 3주 만에, 8·2 대책 발표 이후에는 5주 만에 반짝 하락하던 집값이 상승세로 돌아섰다. 10·24 대책과 12·13 대책이 나왔지만

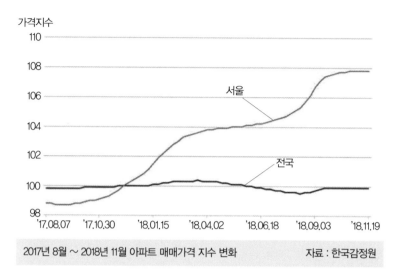

가격지수

2017년 8월 ~ 2018년 11월 아파트 매매가격 지수 변화　　　　자료 : 한국감정원

2018년 상반기까지 서울과 수도권 집값은 만만치 않은 오름세를 유지했다. 2017년 11월부터 2018년 2월까지 약 14주간 강남4구의 아파트 가격은 7.6퍼센트나 상승했다. 서울시장이 용산, 여의도 개발 계획을 언급한 2018년 7월부터는 용산, 성동, 강북, 마포, 양천, 영등포, 동작 등 비강남권 주택 가격도 강남, 서초 못지않게 올라버렸다.

　서울 집값은 절대 잡히지 않는다. 중개업소나 부동산 업체야 한 달만 거래량이 줄어도 죽는 소리 하는 게 당연하다. 이들의 하소연을 그대로 반영해 시장 위축이 대세인 것처럼 부풀리는 매체의 가짜 정보에 속지 말기 바란다. 2018년 10월과 11월에 서울 주택 거래량이 감소했지만 이는 매수 관망세 때문이다. 이미 오를 대로 오른 집값이 몇 주 주춤했다고 그게 추세로 이어질 것이라 예상한다면 오판이라고 본다. "어차피 오를 곳은 오른다."

3기 신도시,
부동산 판도를 뒤집을 수 있나?

- 수도권 30만 채 신규 택지 지정
- 서울 접근성 한계와 수요 분산 역부족 우려

우리나라 신도시의 유래는 꽤 오래 전으로 거슬러 올라간다. 1988년 노태우 정부 시절부터 추진한 1기 신도시는 모두 서울에서 반경 20~25킬로미터 안에 있다. 분당(9만7600호), 일산(6만9000호), 평촌(4만2000호), 산본(4만2000호), 중동(4만1400호)은 인구 117만 명을 수용하도록 설계됐다.

1기 신도시는 주택 건설에 치중하는 형태다 보니 자체 산업과 인프라 기능이 약해 베드타운 신도시라는 달갑지 않은 오명을 얻었다. 이후에 지정된 신도시는 대부분 자족도시를 목적으로 삼는 계획 도시 개념을 많이 도입했다. 서울 등 수도권의 인구 과밀 현상을 해소하고 주거를 안정시키는 게 가장 큰 목표였고, 부차적으로 서울 등 주변 지역과의 교통체계 구축, 쾌적한 주거환경, 자족 기능까지 꾀했다. 세부적으로 판교, 동탄, 위례는 강남 지역의, 운정, 한강 등은 강서·강북 지역의 주택 수요를 대체하고 기능을 분담할 목적으로 조성됐다.

2기 신도시는 2001년부터 개발계획이 수립됐다. 이 중 일부는 아직 개발이 완료돼지 않았다. 인천 검단 등 일부 도시는 2018년 연말에나 분양이 시작된다. 성남 판교(2만9300호), 화성 동탄1(4만 1500호), 화성 동탄2(11만6500호), 김포 한강(6만1300호), 파주 운정(8만8200호), 광교(3만1300호), 양주(6만3400호), 위례(4만4800호), 평택 고덕(5만7200호), 인천 검단(7만4700호) 신도시가 여기 해당된다. 마지막 대형 신도시라 불리는 동탄2와 고덕국제신도시는 개발 시점으로 봤을 때 2.5기 신도시로 구분할 수 있을 것 같다.

2018년 10월 정부는 주택 공급을 늘려 주택가격을 잡겠다는 카드를 빼들었다. 공급 부족이 문제가 아니라는 입장을 마침내 스스로 뒤집었다. 핵심은 수도권 내 그린벨트(개발제한구역)를 해제해 신도시나 택지지구로 개발하겠다는 것이다. 2기 신도시를 끝으로 신도시나 대규모 택지지구 지정이 없을 것이라고 공언한 정부로서는 정책 실패를 자인한 셈이다.

물론 2018년 말쯤 3기 신도시의 위치와 개발 방향을 발표하겠다

수도권 주택 공급 확대 방안

수도권 내 30만 채 규모 신규 택지 지정

- 21일 현재 서울 11곳, 경기 5곳, 인천 1곳 등 신규 택지 17곳(3만 5000채) 선정, 2019 상반기 지구 지정 완료
- 올해 말까지 10만 채 규모 신규 택지 추가 선정(서울과 1기 신도시 사이 대규모 택지 1, 2곳 포함)
- 2019년 상반기 16만5000채 규모 신규 택지 추가 선정(남은 대규모 택지 포함)
- 2019년 상반기까지 발표되는 대규모 택지는 총 4, 5곳(20만 채 규모)

신혼희망타운 조기 공급

- 올해 위례, 평택 고덕 등에서 첫 분양 실시
- 2022년까지 수도권에 5만4000채, 지방은 1만8000채 분양

도시 규제 완화

- 서울 상업지역 주거용 비율 일괄 80퍼센트 이하로 상향
- 서울 상업지역 주거용 사용부분 용적률 400퍼센트에서 600퍼센트로 확대
- 서울 준주거지역에 용적률 초과 부분의 50퍼센트를 임대주택으로 공급할 경우 용적률 400퍼센트에서 500퍼센트로 확대
- 역세권 용도지역 상향

자료:국토교통부

고만 밝힌 상태다. 이에 따라 부동산 업계에서는 추측이 난무하고 있다. 김현미 국토부 장관은 '9·21 대책' 발표 당시 우선 수도권 네

다섯 곳에 330만 제곱미터 이상의 거대 신도시를 조성하겠다고 밝혔다. 또 서울과 1기 신도시 사이에 위치한 부지에 3기 신도시를 선정한다고도 했다.

전문가들은 서울시청에서 대략 25킬로미터 떨어진 서울 접경도시에 신도시가 개발될 것이라고 점치고 있다. 고양시나 광명시, 하남시, 김포시 주변의 미개발 지역이 물망에 오르고 있는데 이들 지역은 그동안 개발제한구역이나 관리구역으로 묶여 있어 개발이 사실상 제한돼 왔다는 공통점이 있다. 발표 시점이 되면 집값 안정을 위한다는 취지에 맞지 않게 해당 지역의 토지나 기존 주택 매매 가격이 크게 오를 것임은 불을 보듯 자명하다.

가장 중요한 문제는 공급 부족의 중심에 있는 서울이 아닌 인근 지역에 들어서는 신도시가 접근성과 교통 면에서 서울, 특히 강남을 대체하기에는 근본적으로 한계가 있다는 점이다. 또 토지 수용부터 착공, 입주까지 걸릴 시간을 감안할 때 지금 일어나고 있는 공급 부족 현상에 대한 처방이 되기 어렵다. 오히려 OECD 국가 중 가장 낮은 출산율과 일부 지방 아파트의 미분양 증가 같은 현상으로 추정해 보면 자족 기능과 교통망 확보가 제대로 되지 않을 경우, 불 꺼진 신도시가 돼버릴 가능성이 있다는 지적도 나름 일리가 있다.

서울 공급 문제 해결하기에 역부족

꼭 필요한 지역은 집이 부족하고 그곳에 공급하기도 어렵다. 따라서 가격 상승을 잡지 못한다. 문제는 다른 곳에 수십만 가구를 짓고, 그렇게 하면 자연스럽게 수요가 분산되면서 가격이 떨어질 것이라 믿는 안일함이다. 잘못하면 수도 균형 발전을 강조하는 현 정부의 정책 때문에 수도권 인구 쏠림 현상이 심화될 수도 있다. 시장 안정에 대한 기대감은 높지만 서울 수요 분산이라는 목적 달성은 요원해 보인다.

동탄2신도시, 평택 고덕신도시 등 수도권 남부의 대형 신도시에서 아직 아파트를 한창 공급하고 있고 10년 전부터 조성되기 시작한 인천 송도신도시도 전체 개발 사업의 30퍼센트 이상이 남은 가운데 곳곳에 또 신도시를 지으면 경기도 일원이 난개발되고 교통 문제가 심화될지도 모른다.

또 신도시들은 인근 거주자에게 일정 물량을 우선 공급하는 지역 우선 공급제도의 영향을 받는데, 수도권 66만 제곱미터 이상 대규모 택지개발지구의 지역우선공급 비율은 서울·인천 50퍼센트, 나머지 수도권 50퍼센트다. 경기도는 그 지역 30퍼센트에 기타 경기도 20퍼센트와 나머지 수도권인 서울·인천 50퍼센트다. 서울 사람이 당첨될 가능성은 채 30퍼센트가 되지 않는다.

서울 시내 공급 규제 대거 풀어야

현 정부의 부동산 정책 목표가 꼭 잘못됐다고만 보지 않는다. 다만 잘못된 방식을 선택했다가 오히려 역효과가 커진다면 뒤늦게 후회해 봐야 돌이킬 수 없다는 교훈을 기억하라는 의미다. 목적의 정당성으로 방법의 오류를 덮지 말아야 한다. 이번에 발표된 공급 대책은 현실과 동떨어진 원론적인 택지공급 방안에 불과하다.

정 서울 집값을 잡고 싶으면 서울 시내 주택 건설에 대한 규제를 과감하게 완화해야 한다. 서울 접경 도시인 부천, 광명, 과천 등에 재개발, 재건축 단지가 충분히 공급되면 그런 곳은 그야말로 서울 아닌 서울이 되고 자연스럽게 돈이 흘러 가격이 정리될 텐데 왜 꼭 집을 지을 때는 땅을 수용해서 짓는다는 생각밖에 못 하는지 모르겠다. 아무튼 조만간 우리는 또 한 번 신도시 공화국에 살게 될 듯하다.

05

종부세와 대출규제,
무리한 시도인 이유

- 현금 부자는 보호하고 실수요자만 고통 주는 정책 기조
- 다주택자에게 퇴로 마련 시급

9.13대책 – 종합부동산세 인상

과세표준	6억 원 (시가 19억 원)	12억 원 (시가 30억 원)	21억 원 (시가 46억 원)
현행	187만 원	554만 원	1375만 원
7 · 6 대책	228만 원	956만 원	2254만 원
9 · 13 대책	415만 원	1271만 원	3061만 원

3주택자 또는 조정대상지역 2주택 이상 보유자 기준

9.13대책 - 주택대출 규제

보유주택 수	현행	개편 후
2주택 이상	6억 원	0(전면 금지)
1주택	6억 원	0(원칙적 금지)
무주택	6억 원	매입 후 2년 내 전입 시 6억 원

서울 15억 원짜리 아파트 매입 시, 기존 주택담보대출이 없는 경우

자료:기획재정부

2018년 9월 13일 발표된 '주택시장 안정대책'은 문재인 정부 들어 여덟 번째 발표된 부동산 대책이고 그야말로 초강경 수요 억제책이었다.

다주택자는 물론이고 집을 한 채만 가지고 있어도 조건에 맞지 않으면 대출을 받기 힘들게 됐다. 종합부동산세율은 최고 1.2퍼센트포인트 올리기로 했다. 9·13 대책에 따르면 집을 두 채 이상 갖고 있는 가구는 서울, 경기, 세종, 부산 등 집값이 많이 오른 조정대상지역 43곳에서 집을 살 때 주택대출을 받지 못한다.

금융기관에서 돈을 빌려 부동산 투자에 나서는 것을 원천봉쇄하는 데 초점을 맞춘 것으로 보인다. 다주택자는 물론 집을 한 채라도 갖고 있으면서 실수요 외의 목적으로 주택을 구입하겠다고 하면 대출을 받을 수 없다. 집을 한 채 가진 가구라도 부부가 합쳐 연 1억 이상의 소득이 있으면 전세대출을 받지 못한다.

주택담보대출 시 고려 대상이던 LTV(주택담보대출비율)와 DTI(총부채상환비율)에 이어 DSR(총부채원리금상환부담비율)이 적용된 것도 컸다. 신용대출 원리금이나 전세보증금 대출 이자까지 주택담보대출 원리금과 합쳐 심사하므로 개인의 대출 문이 더욱 좁아졌기 때문이다.

종합부동산세 최고 3.2퍼센트까지 인상

집값이 높아져만 가는 상황에서 무주택자는 주택담보대출 추가 규제를 받지 않는다고 해도 이미 서울 및 수도권은 LTV와 DTI 규제가 강화돼 있어 내 집 마련은 쉽지 않다.

기존 0.5~2.0퍼센트이던 종부세 세율이 0.5~3.2퍼센트로 올랐다. 시가 기준 18억~23억 원인 주택에 대한 종부세 부과 구간도 신설돼 시가 23억 원짜리 집을 가진 사람의 종부세 부담액은 187만 원에서 293만 원으로 크게 늘어났다.

특히 사상 처음으로 특정 지역에 높은 세율을 적용하는 정책이 시행됐다. 서울, 세종 전역과 경기, 부산, 대구 등 조정대상지역의 2주택 이상, 기타 지역 3주택 이상 보유자를 대상으로 세율을 0.6~3.2퍼센트로 올렸다. 당초 3주택자에게만 최고세율을 적용하기로 한 인상안을 뒤집고 2주택자까지 더 높은 세율을 매기기로 한 것이다.

또 세 부담 상한선을 300퍼센트까지 상향 조정했다. 이전에는 집값이 많이 올랐다면 보유세를 전년의 150퍼센트까지 올릴 수 있었는데 이제 세 배까지 보유세 부담을 늘리도록 한 것이다. 종부세 대상도 기존의 과표 6억 원 이상이던 것을 3억 원 이상으로 바꿔 종부세 부과 대상이 크게 늘어났다.

이처럼 역대 가장 강력한 세 부담과 대출 규제는 일단 시장에 숨고르기 할 시간을 주었다. 그런데 주택 가격이 가파르게 치솟은 규제 지역의 주택을 구매하려 나선 이들을 대상으로 대출 규제를 하는 이 정책은 대출에 의존하지 않고도 고가 부동산을 살 수 있는 슈퍼 리치들에게는 의미 없다. 고가 주택 시장을 주무르는 자산가에게 알짜 지역의 고가 매물을 더 사들일 기회와 시간을 주는 결과로 이어질 확률이 높다.

시장 양극화 심해지고 슈퍼리치에 유리한 시장

오히려 실수요자 상당수가 투자를 포기하거나 관망세로 돌아서면서 시장 양극화가 심각해질 우려만 높인 듯하다. 노무현 정부는 종부세 도입, 대출 규제, 양도세 강화 등 17차례나 쉴 틈 없이 부동산 규제를 시도했지만 재임 기간 중 아파트 값은 전국 평균 34퍼센트, 서울은 56퍼센트가 오르면서 역풍을 맞고 말았다. 공격을 강하게 하면 할수록 내성이 강해진다는 걸 보여준 사례다. 당시 종부세를 중심으로 세 부담을 강화한다는 취지는 괜찮았지만 종부세 부담을 너무 급격히 올려버렸고 한편으로 양도소득세, 취득세, 등록세 등 거래 관련 세금을 내려주기는커녕 더 강화했기 때문에 저항에 부딪힌 것이다.

또 세금을 올리고 대출 규제를 시도하려면 주택 보유자에게 퇴로를 마련해줘야 한다. 거래세를 낮춰 주택을 조금 더 쉽게 처분하

주택 구입 목적으로 대출받을 때 지역별 LTV · DTI 적용 비율   단위:%

구분		투기과열지구		조정대상지역		그 외 수도권	
		LTV	DTI	LTV	DTI	LTV	DTI
무주택 가구		40	40	60	50	70	60
1주택 가구	원칙	0	0	0	0	60	50
	예외	40	40	60	50		
2주택 이상 가구		0	0	0	0	60	50
고가 주택	원칙	0	0	0	0		
	예외	40	40	60	50		

투기과열지구는 서울 전역과 경기 과천 · 하남 · 광명 · 성남 분당구, 대구 수성구, 세종 등 31곳.
조정대상지역은 투기과열지구+경기 고양 · 남양주 · 동탄2 · 구리 · 안양 동안구 · 수원 광교, 부산 6개구 등 43곳.

자료:금융위원회

게 하면 매물이 늘어난다. 늘어난 공급량은 가격 안정화에도 도움이 될지 모른다. 그런데 이 정부는 종부세와 양도세를 동시에 강화하면서 사려는 사람, 갖고 있으려는 사람, 팔려는 사람을 동시에 옥죄고 있다.

이런 시도는 절대 성공할 수 없다. 금리, 내수, 소득, 해외 변수 등 다양한 요인에 의해 결정되는 부동산 시장의 흐름을 규제만으로 통제하려는 시도는 실패할 수밖에 없다.

후분양제와 분양원가 공개
− 공론화에서 실행 단계까지

• 둘 다 필요하지만 시장 혼란 우려
• 건설 업계 이익 침해하지 말고 연착륙해야

김현미 국토교통부 장관이 주택법 시행령을 개정해서 아파트 분양원가를 신속하게 공개하겠다고 선언했다. 건설사의 분양가 뻥튀기를 규제하겠다는 취지인데 이미 김 장관은 수개월 전부터 '뛰는 집값을 잡는 데는 분양원가 공개가 특효약'이기 때문에 강력하게 추진하겠다고 밝혀왔다.

나는 아파트 분양원가 공개는 소비자들이 분양가 세부 내역을 자세히 들여다볼 수 있게 한다는 명분으로 추진되고 있지만 실은 주택 건설 주체가 아파트를 팔아 어떻게 얼마나 폭리를 취하는지 낱낱이 밝혀 가격을 낮추려는 압박이라고 생각한다.

현재 LH는 '공동주택 분양가격의 산정 등에 관한 규칙'에 따라 공공택지에 공급되는 주택에 대해서는 택지비, 공사비, 간접비 등 12개 항목의 분양원가를 공개하고 있다. 경기도시공사는 2018년 11월 9일에 2015년부터 최근까지 발주한 계약금액 10억 원 이상의 건설공사 58건의 원가를 공개했다. 그런데 진보 정치권과 시민단체 등은 12개 항목으로는 제대로 된 분양가를 알 수 없다면서 건설사가 원가보다 더 높은 가격으로 분양해 폭리를 취하고 있다고 지적했다. 현재 공공주택의 분양원가 공개 항목을 기존 12개에서 62개로 확대하는 내용의 '주택법 개정안'이 국회에 입법 예고돼 있고 법제처 심사 등을 거친 뒤 시행될 예정이다.

공개 항목 확대하는 개정안 입법 예고

이 개정안이 시행되면 앞으로 LH 등이 조성한 공공택지에 아파트를 짓는다면 민간 건설사라도 분양할 때 62개 항목을 모두 공개해야 한다. 현행 택지비, 공사비, 간접비 등으로 구분된 세부 항목을 더 세분화했는데 공사비에서 건축비는 용접공사, 조적공사, 단열공사, 창호공사 등 23개로 나눴다.

분양원가 공개는 과정과 결과에서 모두 의미와 경제 정의 측면을 무시하는 정책이다. 먼저 원가를 공개하면 집값이 안정화되기

공공택지 공급주택 분양가격 공시항목

대항목		세분류	공시내용
1. 택지비(4)		택지공급가격	택지개발사업자로부터 실제로 택지를 공급받은 가격
		기간이자	택지를 공급받기 위하여 택지비의 일부 또는 전부를 납부한 경우 그 납부일부터 별표 1의 2에 따라 산정한 택지대금에 대한 이자
		필요적 경비	필요적 경비(제세공과금, 등기수수료 등)
		그 밖의 비용	그 밖의 비용
2. 건축비(58)	공사비(51)	토목(13)	토공사, 흙막이공사, 비탈면보호공사, 옹벽공사, 석축공사, 우·오수공사, 공동구 공사, 지하저수조 및 급수공사, 도로포장공사, 교통안전 시설물 공사, 정화조시설공사, 조경공사, 부대시설공사
		건축(23)	공통가설공사, 가시설물공사, 지정 및 기초공사, 철골공사, 철근콘크리트 공사, 용접공사, 조적공사, 미장공사, 단열공사, 방수·방습공사, 목공사, 가구공사, 금속공사, 지붕 및 홈통공사, 창호공사, 유리공사, 타일공사, 돌공사, 도장공사, 도배공사, 수장공사, 주방용구공사, 잡공사
		기계설비(9)	급수설비공사, 급탕설비공사, 오배수설비공사, 위생기구설비공사, 난방설비공사, 가스설비공사, 자동제어설비공사, 특수설비공사, 공조설비공사
		그 밖의 공종(4)	전기설비공사, 정보통신공사, 소방설비공사, 승강기공사
		그 밖의 공사비(2)	일반관리비, 이윤
	간접비(6)		설계비, 감리비, 일반분양시설 경비, 분담금 및 부담금, 보상비, 기타 사업비성 경비
	그 밖의 비용(1)		제14조제2항에 따라 기본형건축비에 가산되는 비용

보다 혼란이 올 가능성이 높다. 이미 비싼 주변 시세보다 낮게 분양되는 단지가 나오면, 이 단지가 인근 가격만큼 오를 것을 알기에 청약 열풍이 일어날 것이다. 시장을 오히려 들썩이게 만들 것이 분명하다.

또 당연한 얘기겠지만 주택 역시 기업이 이윤을 내려고 생산하는 상품이다. 원가 공개를 우려한 건설회사가 주택 공급을 줄이면 가뜩이나 물량이 부족한 서울 등 인기 지역의 집값은 절대 잡히지 않을 것이다.

분양원가를 공개한다는 것은 민간 주택 업자들의 이익을 제한하겠다는 뜻과 같다. 그런데 한쪽으로는 수도권에 30만 채를 공급하겠다는 거대한 구상을 발표한 상태다. 공급 확대와 건설 업체 규제는 전혀 다른 방향이고 이것이 조화를 이룰 방법은 없다. 또다시 중구난방식 정책이 될 가능성이 높다.

신규 분양가가 치솟으면 주변 시세가 오르고, 그것이 다시 분양가 인상으로 이어진다는 논리는 맞지 않다. 기존 아파트는 신규 아파트 분양가가 높았기 때문에 급등한 것이 아니다. 수도권에서 분양가를 제한하는 아파트가 분양됐다고 인근 집값이 떨어졌다는 소리를 들어본 적이 없다.

부동산 시장을 안정화시킨다는 명분을 등에 업고 아파트 후분양제 도입도 조만간 다시 도마 위에 오를 게 분명하다. 후분양제는 말 그대로 견본 주택이 아니라 실제 지어진 아파트를 보고 분양을 받는 제도인데 부동산 시장이 과열 양상을 띨 때 한 번씩 거론되고 있다. 정확히는 미국 등 선진국처럼 건설 공정이 전체의 80퍼센트 이상 진행된 뒤 입주자를 모집하는 방식을 말한다.

노무현 정부 시절인 2003년에 단계별 후분양제 도입 계획을 발표한 적이 있다. 2007년부터 본격적으로 실행 단계에 접어들게 한다는 계획이었지만 시간이 지나면서 경기 상황 등을 이유로 연기되다가 정권이 바뀌면서 없었던 일이 됐다.

후분양제는 분양원가 공개 정책과 달리 제대로 정착되기만 하면 좋은 제도다. 주택 보급률이 100퍼센트를 넘고 있고 매년 50만 가구 이상의 인허가 물량이 존재한다는 점을 들어 후분양제 도입을 심각하게 고민할 때라고 주장하는 데는 딱히 반박할 부분이 없다. 주택을 대량으로 공급할 필요성이 사라졌고 묻지마 청약 투기 근절, 부실 시공 같은 아파트 품질 저하에 대한 해법으로도 후분양제 도입은 충분히 설득력이 있다. 공급 과잉과 시장 가격의 변동성을 줄인다는 명분도 있다.

부동산 산업이 아닌 실수요자를 위한 주거 안정에 역점을 두는 정책은 선진국형 부동산 시장으로 가는 중요한 지향점이라 할 수 있다. 문제는 이 제도를 어떻게 하면 시장에 자연스럽게 연착륙시킬 것인지 연구해야 한다는 점이다. 무턱대고 발표했다가 상황이 달라지면 말을 바꾸는 실수를 되풀이해서는 안 된다.

분양가 상승 불러오고 공급 제한 가할 가능성 높다

먼저 후분양제는 필연적으로 분양 가격을 상승시킨다. 지난해 건설업계 산하 연구 기관에서 후분양제 도입이 어느 정도 분양가 상승을 불러오는지 발표한 적도 있다. 후분양 대출 보증제 등을 실시하며 일부 후분양제를 적용한 아파트가 주변 시세보다 높은 가격에 공급된 사례는 있다. 경기 산본주공1단지와 서울 고덕동의 재건축 단지는 주변 시세와 1억 원 이상 차이 나는 분양가에 공급됐다.

집을 사려는 사람 입장에서 후분양제는 개발 중에 시세가 상승해서 발생하는 차익을 얻지 못함과 동시에 가격이 그만큼 올라간 상태에서 사야 한다는 부담을 안는다. 시공사가 건설비용을 금융권으로부터 모조리 대출 받을 경우 이자(금융비용)가 분양 가격에 포함되기 때문에 공급 가격이 올라갈 수밖에 없다. 물량이 부족하고 공급을 늘리는 기간이 오래 걸리는 서울 지역에서 후분양제 아파트가 나온다면 분양 가격은 업계에서 예상하는 5~10퍼센트가 아니라 그보다 훨씬 더 올라갈 것이 확실하다.

또 자본금이 부족한 실수요자라면 선분양제가 유리하다. 선분양제는 분양가가 후분양제보다 낮고, 분양대금을 마련할 시간적 여유가 있기 때문이다. 선분양제는 분양 후 입주까지 2년가량 걸리므로 총 분양자금을 마련하는 데 시간적 여유가 있다. 반면 후분양제는 분양 후 입주까지 6개월 정도밖에 안 걸리니까 자금을 마련하는 면에서 부담이 클 수밖에 없다. 6개월 동안 수억 원의 목돈을 마련해야 하는 것이다.

집단 대출 문제도 심각한 요소다. 지금은 집을 살 때 건설 회사가 회사의 신용을 바탕으로 분양 가격의 40~60퍼센트에 해당하는 중도금을 연 2~3퍼센트대의 금리로 대출해 준다. 하지만 후분양제가 적용되면 중도금 집단 대출이 아마도 힘들어질 것이다. 돈이 부족한 실수요자를 위한 장기 주택자금대출 제도를 다양하게 준비하지 않으면 안 된다는 얘기다.

가장 큰 문제는 건설업계가 받을 타격이다. 개인적으로는 시행사나 시공사와 같은 건설업계의 입장을 조금도 두둔할 생각이 없지만 현재의 주택 개발 시스템에서 후분양제를 도입하면 아파트 공급이 크게 줄 것이 뻔하다. 영세한 시행사가 토지 계약을 하면 시공사, 신탁사 등이 제반 업무를 지원하고 분양 금액으로 공사비를 충당하는 현재의 구조는 재무 상태와 신용도가 높은 1군 건설사뿐 아니라 중견 건설사가 생존하는 데도 도움이 되어 왔다.

후분양제도가 도입돼 시행사는 물론 규모가 작은 건설 회사가 사업비용을 확보하기 어려워지면 사업 속도는 떨어질 수밖에 없다. 공급이 충분한 지역에서는 타격이 적겠지만 서울을 비롯해 수요가 공급을 앞지르는 지역에서는 단기간에 집값을 크게 올리는 단초가 될 가능성도 높다는 말이다. 국토교통부 산하 주택도시보증공사는 후분양제를 도입할 경우 전국적으로 연평균 8만6000~13만5000호의 공급이 감소한다고 예측했다.

분양원가공개와 후분양제 모두 업계와 시장에서 공론화된 지 오래다. 대통령이 바뀌고 정책당국의 방향성이 자주 바뀌면서 추진했다 접었다를 반복하고 있을 뿐이다. 두 제도 모두 이 정부가 집값을 잡을 수 있는 결정적 카드로 강하게 밀고 있는 건 분명하다. 하지만 시행했을 때 얻게 될 득보다 잃을 것이 훨씬 더 많다는 걸 알아야 한다.

07

애널리스트와
부동산 스타강사에게 속지 말라

· 전문성 없는 자산 관리사와 만담가에게 현혹되지 말아야
· 언론 통한 시장 전망도 100퍼센트 신뢰할 수 없다

요즘 부동산 전문가란 사람이 참 많이 늘어났다.

몇 년 전만 해도 부동산 정보업체 관계자나 은행 부동산팀장, 부동산학과 교수 정도가 언론 기사나 교육 행사에 이름을 올렸는데 요즘은 생소한 부동산 업체나 연구소 대표들, 심지어 개인 블로그에 부동산 칼럼을 올리는 사람들까지 스타강사라며 업계에서 대접해주고 있다.

흔히 은행 소속 부동산 전문가로 불리는 사람들의 주업은 부동산 고객 상담이다. 시장 분석과 예측보다 개별 자산가와 상담하고 투자할 부동산을 추천하는 일이 우선이다. 물론 대중 강연에서 투자 전략을 강연하고 언론이나 방송에 나와 코멘트하기도 한다.

부동산 정보업체 소속 애널리스트들도 마찬가지다. 필자를 비롯한 대부분은 부동산 통계 수집과 리서치, 분석만 하는 게 아니라 기업체 요청 자료 작성과 개인 컨설팅, 강연, 방송, 집필 활동을 겸하고 있다.

당연한 얘기겠지만 이런 사람들이 방송에, 신문에 나와 시장 상황을 진단하고 전망하는 건 사실 바람직한 일이 아니다. 부동산, 건설 시장을 긍정적으로 얘기해야 하는 회사에 몸담은 사람이 언론에 중립적, 객관적으로 비춰지는 건 이율배반적인 일이기 때문이다.

건설부동산부 기자는 바쁜 취재 일정과 취재원 확보가 어려워 대개 자주 연락하는 부동산 업계 관계자를 정해두고 있다. 기사 방향이 정해지면 취재원이 그 방향을 뒷받침하는 한두 문장을 읊으면 되는 구조다. 물론 나 역시 그런 목적으로 활용되는 사람 중 하나일지 모른다.

시장 분석과 전망은 통계, 이론 전문가가 해야 한다

그런데 자산 관리 전문가가 부동산 전문가인가?

부동산 관련 상담이나 투자처 추천을 주로 하는 사람이 부동산 시장과 정책 일반에 대한 전문가 행세를 하고 있다는 말이다. 이런 사람의 시장 전망에 절대 귀를 기울이지 말기 바란다. 부동산 중개업소 사장이나 다를 바 없는 사람들이기 때문이다.

최근 스타강사라 해서 부동산 투자 지역을 찍어주는 이들이 있는데 대개 본명보다 필명이나 별명을 사용한다. 그럴듯한 책 한 권 내놓고 그 책을 들고 여기저기서 강연하기도 하고 언론사 부동산 박람회 등에 강사로 출연하기도 한다.

부동산 전문가는 부동산 분야의 이론과 통계에 밝아야 한다고 생각한다. 부동산 분야를 전공하고 관련 업체 등에서 평생 부동산을 연구한 실력자가 국내에도 수없이 많다.

대학교, 정책당국, 연구소에 부동산에 해박한 진짜 전문가가 많음에도 관련 분야의 논문 한 번, 통계 한 번 만들어 본 적이 없는 정체불명의 사람들이 전문가라고 자처한다면 이게 제대로 된 시장일까? 누구나 아는 얘기를 단어 몇 개 고쳐서 소위 칼럼이라는 정체불명의 글로 고쳐 쓰는 사람들이 제대로 된 전문가일까? 이런 의문이 드는 것은 어쩔 수 없다.

또 한 가지 꼭 짚고 넘어갈 부분이 있다. TV나 메이저 언론사에 이름을 자주 올리는 은행권 부동산 팀장, 대학 교수, 부동산 정보업체 관계자가 정권의 나팔수 역할을 떠맡는 걸 볼 수 있다. 보수정권 시절, 이 사람들은 가계 부채가 위험 수위에 다다르고 거품 우려가 있는 투자 상품이 등장할 때도 여지없이 부동산 불패 공식을 주장하며 공격적인 투자를 권했다.

매년 틀린 예측해도 뻔뻔하게 고개 드는 애널리스트들

그랬던 사람들이 정권이 바뀌어 주택 시장 안정을 기조로 내세우자 집값이 하향 안정될 거라고 입을 모으고 있다. 스스로 그런 생각을 하고 있다면 바보일 것이고 누군가 시켜서 하고 있다면 하수인이다. 자기 가치관이 없는 사람이거나 부동산 전문가가 아닌 사람이 분명하다.

현재 수도권 주택 시장이 매우 상방 공격적인 매수 시장으로 가고 있지만 이번 정부는 이것을 감추고 억누르고 싶어 한다. 상당수, 아니 자칭 부동산 전문가 대부분이 그런 정권의 필요에 맞게 멘트하고 시장 예측을 하고 있다. 분명 오를 텐데 이 사람들은 자꾸 하락 가능성이 높다는 식의 얘기를 하는 거다.

능력 없는 사람 얘기는 안 들으면 되고 도태되는 인물은 옷을 벗는 게 당연한데 상당수 인사가 10년 넘게 틀린 예측을 하고도 계속 등장한다.

이론 하나 모르고 복덕방처럼 거래 성사시켜서 먹고 사는 사람들, 정권 바뀔 때마다 국토부 대변인 역할 하는 사람들, 책 한 줄

써놓고 초보자 데리고 다니면서 투기 부추기는 사람들. 이런 사람들이 내년 집값을 논한다. 그 말을 믿을 것인가?

제발 그런 일이 없기를 바란다.

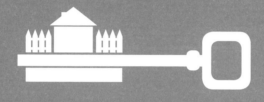

5
chapter

규제 일변도의 시장에서
어떤 부동산이
살아남을까?

상가도 서울에 있으면
가치가 오른다

- 인기 지역 상가에 목돈 몰릴 가능성 높다
- 택지지구, 신도시에 몰렸던 투자가 서울로 회귀한다

수익형 부동산에서 가치는 곧 월세라는 말이 있다. 시골 산자락에 붙어 있어도 월세만 잘 나오면 좋은 상가라는 뜻이다. 요즘 같은 저금리 시대에는 시중 예금 금리보다 많은 임대 수익만 보장해 줘도 그야말로 효자 상품 소리를 듣는다.

그런데 내가 오랜 기간 수익형 부동산을 연구하다 보니 저 말들이 꼭 100퍼센트 맞는 게 아니라는 생각이 들었다. 특히 상가 시장은 눈에 보이는 수익률로만 평가할 수 없는 다른 요소가 부동산 가치에 많은 영향을 주고 있다.

부동산 이론에서 아주 기본적으로 활용되는 '월 임대료→조소득

(총소득)→매매 가격'이라는 공식은 대개 당장의 임대 수익으로 먹고 사는, 그야말로 은퇴 계층이나 노년층의 투자 성향과 맞아 떨어진다. 모로 가든 월세만 비싸게 받을 수 있으면 그들에게 다른 기대치는 없는 것이다.

그런데 상가 투자자 중에 다른 관점에서 매수하려는 사람이 있다. 최근 일부 지방 도시의 부동산 시장이 얼어붙자 그곳에 사는 기업체 대표나 지역 부호가 서울, 특히 강남권의 아파트나 빌딩 등을 많이 사들인다는 전언이 들린다. 아파트나 주택 등은 당연히 강남이 유리한 걸 알겠는데 굳이 강남이나 성수동, 마포, 용산에 있는 빌딩이나 상가를 사들이는 이유는 뭘까?

월세, 수익률보다 자산 가치를 우선시

이것을 바로 가치 투자, 모멘텀 투자라 한다. 지방에도, 수도권에도 수익률 잘 나오는 상가는 많다. 그런데도 서울 지역 상가에 눈길을 돌리는 이유는 상가도 임대 수익을 뛰어넘을 정도의 몸값 상승을 기대할 수 있는 부동산이라고 생각하기 때문이다.

주택 규제가 지속되면서 많은 다주택자가 아파트 소유에 따른 피로감을 느끼고 있다. 이들이 상가, 오피스텔 등 수익형 부동산에 손을 대고 있다. 이들이 원하는 건 높은 월세만이 아니다. 이들은 오랜 기간 아파트를 사고팔면서 부동산의 첫째 덕목을 입지와 지역이라고 생각하는 경향이 생겼다. 이들이 상가를 고를 때도 그런 경향이 많은 영향을 미친다. 수익률이 다소 떨어져도 이름값이 있는 곳의 부동산을 높게 친다.

서울 전체 지역을 놓고 평균 수익률을 계산하면 강남이나 서초 지역의 빌딩은 꽤 낮은 순위에 이름을 올린다. 그런데도 부자들은 강남 빌딩에 관심이 많다. 이런 현상은 돈 많은 사람들이 지방이나 수도권 외곽보다 서울 지역의 상가를 특별히 선호하는 것과도 궤를 같이한다.

또 서울 지역은 상가 공급이 부족하다. 수만 가구씩 지어대는 수도권의 신도시나 택지 지구에는 상가 수천 실을 곳곳에 쉽게 공급할 수 있다. 하지만 서울은 대단지 재개발이나 재건축 단지가 아닌 이상 큰 상가를 공급하기가 불가능하다. 구도심은 개인 소유주가 임대 시장을 점령하고 있는데다 신규 상업 시설을 지을 땅 자체도 없다.

상가 공급도 제한적인 서울 부동산

공급이 부족하면 늘 수요가 가격 상승을 이끄는 법, 앞으로 서울 지역에서 상가가 나와도 분양가 자체가 만만치 않을 것으로 예상된다. 초기에 상권 형성이 어려워 공실이 나든, 점포의 입지 같은 다양한 환경에 따라 수익률이 떨어지든 상관없다. 일단 분양을 받으려는 투자자가 공급되는 점포의 수보다 많기 때문에 웬만한 못난이 상가가 아니고서는 나오는 족족 완판될 가능성이 높다.

앞으로 강남권 재건축 단지가 일반 분양에 들어갈 시점이 되면 부속 상가가 상당한 고가에 공급될 것으로 보인다. 강남 지역 상업용 빌딩을 구입할 여력이 되지 않는 투자자에게 만만한 먹잇감으로 인식되면서 높은 경쟁률을 기록할 전망이다. 용산, 성수동, 마포, 노원구의 개발 지역도 정도의 차이는 있겠지만 마찬가지 양상으로 흘러갈 확률이 높다.

2010~2011년에 세종시 첫마을에 공급된 세종시 최초의 분양 상가인 LH 단지 내 상가의 낙찰가율이 150퍼센트를 웃돌며 상가 시장의 열기를 증명했듯이 상가 투자도 분위기 따라, 시장 상황에 따라 특정 지역에 몰리는 습성이 있다. 2019년 상가 시장은 돌고 돌아 다시 서울로 회귀할 듯하다.

서울 지역 상가에 투자할 때 한 가지 유의할 점이 있다. 이미 수도권의 주요 상권 임대료가 개인 점주가 감당하기 어려운 수준에 육박하고 있다는 점이다. 일부 상권은 임대료 수준보다 상승폭이 더 큰 문제다. 1년에 한 번씩 재계약 혹은 해지 통보를 하면서 큰 폭으로 월세를 인상하는 탓에 임차인은 그야말로 한 달 한 달을 버티는 것이 쉽지 않다고들 말한다.

그렇다면 임대료 수준이 크게 오르는 상권과 반대의 상권 사이에는 어떤 차이점이 있을까? 신흥 상권과 구상권이라는 차이가 분명 존재한다. 아무래도 각광받는 상권에 속한 점포의 임대료 상승폭이 클 것이다. 하지만 상권의 규모와 팽창 속도도 임대료 상승과 밀접한 관련이 있다.

급격히 성장하는 두 상권이 있다고 가정해 보자. 한 상권은 메인 거리에 위치한 수십 개의 점포가 전부일 정도로 규모가 작고 모든 것이 밀집돼 있다. 다른 상권은 상권의 범위가 넓고 향후 외곽으로 확장할 수 있는 여지가 충분히 있다. 어떤 상권의 임대료가 빠르게 오를 것인지는 굳이 묻지 않아도 될 것이다.

흔히 규모가 작고 점포수가 많지 않은 상권을 알짜 상권이라고 한다. 공급이 적을수록 가격이 올라간다는 대원칙이 수익형 부동산 시장이라고 비켜갈 리는 없지 않은가. 서울 신사동 가로수길의 수십 개 점포는 상권이 확장될 가능성이 없는 지역 특성 탓에 2010년부터 수십 배 임대료 상승이 이어져 왔다.

반면 성수동 일대는 수제화거리와 카페, 레스토랑, 공방, 갤러리 등이 어우러지며 신흥 상권으로 탈바꿈하는 중이지만 상대적으로 뻗어나갈 곳이 많은 지역에 속한다. 아직 공장이나 노후 주택으로 이용 중인 부동산이 많아 비교적 공급되는 매물이 풍부하다. 이에 성수동의 임대료 상승폭은 다른 신흥 거리 상권에 비해 높지 않다.

패션 관련 업종이 창업 시장을 주도할 당시에는 점포가 대로변이나 잘 보이는 코너 자리에 있을수록 무조건 유리했다. 하지만 최근 골목 상권이 주목받고 SNS, 블로그 등을 통한 홍보가 중요시되면서 상권 내 이면 입지나 외곽부에 자리 잡더라도 고객을 끌어 모을 수 있게 됐다. 임대료가 싼 매장을 선호하는 최근 추세와도 부합한다.

따라서 투자자라면 서울 시내 상권의 현상과 현재 시세만이 아니라 상권의 규모와 확장 가능성에도 면밀한 주의를 기울일 필요가 있다.

상가 투자의 5단계

▶ 1단계: 투자의 목적(목표) 분석

부동산 투자에는 여러 가지 목적이 있다. 결국 부의 극대화겠지만 보다 세분화한다면 기대되는 현금수입(임대료), 인플레이션 헤지, 부동산 가치의 상승 등이 있다. 상가는 아파트나 주택, 토지와 달리 투자금액의 6~7퍼센트를 임대 수익으로, 혹은 그 이상 향유하면서 부동산 가치 상승에 따른 시세 차익을 동시에 얻을 수 있는 투자 상품인 만큼 불확실한 현재의 부동산 시장에서 효과적인 투자대안으로 여겨진다.

▶ 2단계: 투자환경의 분석

부동산 투자 환경은 단순히 부동산 시장의 상황이나 국내외 경기 흐름만 본다고 알 수 있는 것이 아니다. 투자에 영향을 미치는 법적·금융적·세제적 환경도 알아야 한다. 시중 자금의 흐름과 물가지수, 증시, 금리 등 경제를 구성하는 요인의 전반적인 추세를 파악해 투자하는 것이 현명하다. 간혹 소위 '좋은 물건(매물)'을 찾아다니며 전후 상황에 관계없이 투자하는 상가투자자가 있다. 투자 환경도 분석하지 않고 상품 자체에 몰두하는 것인데, 이렇게 미시적으로 투자전략을 세우면 차후 창업시장이나 상권에 변화가 생겼을 때 적지 않은 손해를 볼 수 있다.

▶ 3단계: 비용편익 분석

부동산 투자에는 편익만 따르는 것이 아니다. 투자 이후에도 비용이 발생한다. 이를테면 대출 이자가 발생하며 소득세 등 세금이 뒤따른다. 공실이 생기면 수익 없이 관리비를 지출해야 하고 이자 부담 때문에 투자 손실이 발생할 수도 있다. 일차적으로 현금수지분석을 해서 얻은 유효수익을 다른 투자 상품에 투자했을 때의 수지분석과 비교할 필요가 있으며, 이 단계가 투자 결정 과정에서 가장 중요한 판단 포인트가 되는 경우가 많다. 상가투자의 최우선적인 편익은 역시 임대 소득이다. 따라서 본인의 기대 수익률과 실제 실현되는 수익률을 면밀히 분석함과 동시에 투자자본 대비 수익률이 오래 지속될 것인지를 다각적으로 검토할 필요가 있다. 이 비용편익 분석단계에서 상가투자자는 다양한 매물을 검토하고 많은 발품을 판다.

▶ 4단계: 투자의 타당성 판단

현금수지분석 후에 명확한 투자 준거를 적용해 타당성을 판단하는 과정이다. 많은 투자자들이 이 과정을 생략한 채 눈에 보이는 수익률만 보고 투자를 결정한다. 화폐의 시간가치를 분석하는 작업은 복잡한 수학공식처럼 느껴지지만 결코 어려운 일이 아니다. 예상 보유 기간 동안 발생할 소득이득(임대료)과 자본이득(처분시의 자본이득)을 계산하는 기법이 널리 통용되고 있다. 수십 개의 점포가 딸린 상가라면 각각의 점포마다 임대료와 임차계약기간, 층수, 면적 등 복잡한 산술이 요구되나, 특정 상가(점포)에 투자한다면 영업(임대)수지의 계산과 예상되는 임대소득 및 지출을 일정한 비율을 적용해 현재가치로 할인하고 이것을 서로 비교하는 작업을 통해 비교적 수월하게 계산할 수 있다. 보통 특정 투자 상품을 염두에 두고 면밀하게 분석하는 단계다.

▶ 5단계: 투자 결정

1~4단계 분석결과를 토대로 투자를 할 것인가 말 것인가를 최종적으로 결정하는 단계다. 이 단계는 의외로 단순하다. 기대수익률과 요구수익률을 비교해 기대수익률이 높으면 투자, 기대수익률이 낮으면 재검토 혹은 가격절충, 투자부적격으로 판단한다. 또 한 가지 잣대는 투자가치와 시장가치다. 투자가치가 시장가치보다 높으면 투자, 시장가치보다 낮으면 재검토 혹은 가격 절충, 투자부적격 판단의 단계를 거친다. 이 과정에서 매도자와의 가격 협상, 임차인 구성 확인, 대출(융자) 여부, 상권 분석 등을 최종적으로 마무리하고 계약 일정을 잡는다.

오피스텔 – 공급이 부족한 곳에 투자하라

- 역세권, 업무벨트는 성공했고 대학가, 신도시는 실패했다
- 유형, 임차시세, 면적, 주변 환경 꼼꼼히 따져야

'공급 과잉 앞에 장사 없다.'

오피스텔 등 수익형 부동산 시장에 잘 어울리는 말이다. 자그마한 땅만 있으면 금세 지을 수 있는 게 오피스텔이나 상가이기 때문에 개발 업체는 시장 상황을 보고 일시적으로 엄청난 물량을 시장에 공급했다.

1억~2억 원 정도 투자해 5퍼센트 이상의 수익률을 얻을 수 있다는 장점이 부각되면서 한동안 오피스텔 열풍이 휩쓸고 지나갔다. 그리고 남은 건 적지 않은 적체 물량이다. 그렇다 보니 지역별로 잘되는 곳과 그렇지 않은 곳의 차이가 벌어졌다. 짓는다고 다 잘되

2015~2016년 지역별 오피스텔 수익률

유형 / 지역	스튜디오형		증감율	투룸형		증감율	합계		증감율
	2015.1	2016.1		2015.1	2016.1		2015.1	2016.1	
강남 · 분당권	5.07%	5.01%	−0.06%	5.03%	5.06%	0.03%	5.05%	5.04%	−0.01%
역세권	5.63%	5.53%	−0.10%	5.46%	5.50%	0.05%	5.55%	5.52%	−0.03%
대학가	5.19%	5.20%	0.01%	5.24%	5.20%	−0.04%	5.22%	5.20%	−0.02%
업무벨트	5.74%	5.78%	0.04%	5.22%	5.22%	−	5.48%	5.50%	0.02%
신도시 · 택지개발지구	4.88%	4.86%	−0.02%	4.51%	4.47%	−0.04%	4.70%	4.67%	−0.03%
평균	5.30%	5.28%	−0.03%	5.09%	5.09%	0.00%	5.20%	5.18%	−0.01%

자료 : FR인베스트먼트

던 시절은 지나갔다는 말이다.

나는 2015년 1월부터 서울·경기 지역의 500실 이상의 오피스텔 전체를 표본화한 뒤 주로 공급되는 지역을 역세권, 대학가, 서초·강남권, 업무벨트 네 가지로 특정하고 각각의 수익률을 구했다. 2015~2016년 수도권 지역을 기준으로 보면 역세권의 임대 수익률이 가장 높았다. 신문에 오피스텔 분양 광고를 실으면서 저마다 역세권임을 강조하는 이유가 여기에 있다. 지하철역이 가까울수록 땅값이 비싸 분양가도 상승하지만 이를 상쇄할 정도로 월세 수익이 높아진다는 방증이다.

업무벨트 인근은 전반적인 하락세 속에서도 꾸준히 임대 수익률이 상승 중이라는 점이 주목된다. 1인이나 2인 거주가 중심인 오피스텔의 수요층이 직장인 혹은 맞벌이기 때문이다. 직주 근접성 때문에 수익률이 상승하는 것으로 분석된다. 최근 아파텔(아파트 수준의 면적과 설계를 반영한 오피스텔) 등으로 불리며 주거 대체 상품으로 인식되는 45~60제곱미터대 오피스텔이 주로 이런 지역에 공급되고 있다.

대학가 주변은 역세권이나 업무벨트 지역에 비해 기대 이하였다. 대학 주변에 원룸형 오피스텔이 우후죽순처럼 많이 공급되면서 투자가치가 부풀려진 측면이 컸다. 막상 들여다보니 학교 내 기숙사와 인근 고시원, 원룸, 도시형 생활주택 등 경쟁 부동산이 많았으며, 월 50만 원 이상의 높은 임대료는 학생들에게 부담스러운 금액이었다.

인기 지역보다 공급 부족한 곳에 투자

가장 실망스러운 곳은 강남·서초·분당권과 신도시·택지개발지구다. 특히 2013년 이후 이 지역에 공급이 많았다. 대기업 계열 건설회사가 시공한 대규모 단지도 많아 신문이나 TV에서 자주 광고를 접하기도 했다. 하지만 결과는 예상외로 좋지 않았다. 강남·분당권은 기본적으로 집값이 높게 형성된 탓에 오피스텔 역시 고분양가로 몸살을 앓고 있다. 신도시는 특성상 교통망이나 기반시설이 더디게 확충되므로 개발 이후 상당 기간이 흘러야 임대료가 적정 수준으로 회복된다. 대개 초기 수익률은 매우 낮다.

이처럼 부동산 시장은 수박 겉핥기식 접근으로는 정교한 투자 분석이 불가능하다. 절대로 광고 문구에 적힌 초역세권, 대학 인근, 강남권, 신도시 등의 막연한 테마만 믿고 청약에 나서면 안 된다. 어떤 도시에서 수익률이 얼마 정도 나오더라는 기사 몇 줄만 읽고 투자 결정을 내리는 우를 범하지 않으려면 그 도시의 주요 지역을 세분화해서 역세권, 대학가, 업무벨트, 부촌 등으로 구분한 다음 어느 유형에서 월세 수준이 높은지, 투자가격 대비 조소득승수(현 매매가격을 연임대료 총액으로 나눈 수치)는 어느 정도인지를 구체적으로 따져보는 자세가 필요하다.

2019년에도 오피스텔 시장에서 공급이 넘치는 지역은 고전을 면치 못할 것이다. 하지만 떠들썩한 분양 광고가 넘치던 시점보다 잠시 조용한 시점에 저렴한 알짜 매물을 발견하기 쉬운 법이다. 분명 높은 땅값 때문에 오피스텔을 지을 예정지가 마땅치 않은 지역에 있는 오피스텔이라면 의외의 알짜 투자처가 될 수 있다.

수도권 북부
토지 시장 어떨까?

- 파주, 고성 땅값 상승률 전국 1, 2위
- 장기간 부동산 투자 호기 많아 투자 전망 밝다

　남북 관계, 북미 관계가 좋아질 듯하면서 또 제자리에 머무는 양상이기도 하다. 하지만 남북 접경 지역과 수도권 북부 부동산 시장은 어느 새 화해 무드의 효과를 상당히 보고 있다. 2017년부터 파주와 연천, 고양, 철원, 강릉, 고성의 부동산 시세가 들썩인 것이다.

　국토교통부에 따르면, 2018년 1~3분기까지 파주시의 땅값 상승률은 8.14퍼센트였다. 전국 시·군·구 가운데 가장 높았다. 강원 고성군이 6.51퍼센트로 2위였다. 같은 기간 동안 파주 지역 부동산 거래량은 4473건으로 집계됐다. 이는 2017년 9월(2807건)에 비해 약

두 배 늘어난 수치다. 또 2018년 8월까지 파주시 일대 토지 거래량도 약 2만4608건으로 2017년 한 해 전체 거래량(2만7692건)에 육박한 것으로 나타났다.

파주는 단순히 북한 접경 지역이라는 점 외에도 다양한 개발 호재가 있어 부동산 시장 전망이 밝다. 서울~문산 간 고속도로 개통과 수도권 제2순환고속도로 건설이 예정돼 있고 수도권광역급행철도(GTX) A노선이 파주까지 연장되면 서울로의 접근성이 크게 개선된다. 운정역(예정)에서 서울역까지는 약 10분, 삼성역까지는 약 20분대에 이동이 가능해지기 때문이다. 국토교통부 자료를 보면 2018년 11월 기준 파주시의 아파트 거래량은 1만4267건으로 전년 대비 61.81퍼센트나 증가했다. 이는 2008년 이후 가장 많은 거래 물량이다.

통일경제특구 조성도 부동산 시장에는 큰 호재다. 장단면 일대의 부지 규모 약 1600만 제곱미터(500만 평)에 남북경협 기업을 중심으로 하는 산업단지를 조성하는 방안이 검토되고 있다. 아울러 개성공단 재개에 대비해 탄현면 성동IC 부근에 16만5000제곱미터 규모의 개성공단지원 복합물류단지 조성 사업도 추진될 것으로 알려졌다.

경원선(서울−원산) 라인의 중요한 길목에 위치한 연천도 주목할 만한 곳이다. 통일부는 2016년 5월 중단된 경원선 남측 구간 복원

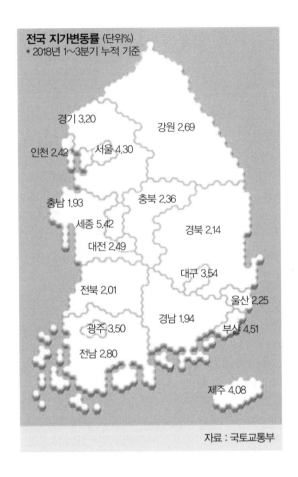

전국 지가변동률 (단위%)
* 2018년 1~3분기 누적 기준

경기 3.20
강원 2.69
인천 2.42
서울 4.30
충남 1.93
충북 2.36
세종 5.42
경북 2.14
대전 2.49
대구 3.54
전북 2.01
울산 2.25
경남 1.94
광주 3.50
부산 4.51
전남 2.80
제주 4.08

자료 : 국토교통부

공사를 곧 재개하겠다고 밝혔다. 이와 함께 동두천역과 연천역을
잇는 전철도 빠르면 2019년 내로 개통한다. 남북을 잇는 길목에 위
치한 지역이 부동산 상승 혜택을 본다면 상대적으로 많이 오른 곳
보다 저평가된 곳이 유망할 수밖에 없다. 연천은 파주와 비교했을
때 토지 가격이 30~40퍼센트 수준에 불과하다.

남북 교류 중심지인 강원도 철원군 역시 남북관계가 진전될 때마다 수혜 지역으로 꼽힌다. 접경지역인 철원은 경기 파주에 비해 서울에서 멀다는 인식이 강했지만 지난 평창동계올림픽을 앞두고 강원도 내 도로망이 확충되면서 기대감이 높아졌다.

특히 2017년 6월 구리시 토평동에서 시작해 포천시 신북면(44.6 킬로미터)까지 이어지는 구리~포천고속도로가 개통되면서 서울 접근성도 크게 향상됐다. 철원군과 포천시는 이 고속도로를 철원까지 연장하기 위해 공조 중이다. 포천~구리고속도로는 향후 서울과 세종시를 잇는 서울~세종고속도로(2025년 개통 예정)와 연결된다. 또한 서울~의정부~양주~동두천~연천~철원(57킬로미터)을 잇는 국도 3호선을 대체할 우회도로도 2020년쯤 개통된다. 통일시대를 대비해 중앙고속도로도 춘천~철원까지 연장할 예정이다.

고성은 남북 철도 연결 사업의 핵심 지역 중 하나로 제진역 등 접경지역에 관심이 쏠리며 지가 상승으로 이어졌다. 고성은 인근 속초, 강릉, 양양의 관광 수요가 늘면서 해변 지역 토지 가격이 이미 크게 상승했지만 최근 남북 정상이 동해선·경의선 철도와 도로를 연결하기로 합의하면서 땅값이 더 뛰었다. 해수욕장을 끼고 있는 죽왕면, 토성면은 이미 시세가 많이 올랐다.

경기북부지역은 과거 서울 접근성이 비교적 떨어진다는 이유로 주목받지 못하던 곳이다. 하지만 최근 수도권 교통망이 개선되고 대규모 개발사업이 속속 진행되고 있다. 게다가 남북관계 개선에 따른 간접적인 수혜가 예상되면서 부동산 시장에도 훈풍이 불고 있다. 통일로 가는 과정은 장거리 마라톤과 같다. 고비도 있지만 속도를 내는 시점도 있다. 그때마다 부동산 시장도 희비가 엇갈릴 것이다. 다만 내려가지 않고 오르는 방향으로만.

수도권 단독주택용지 중
뜨는 곳 어디?

- 판교 이후 새로운 주택 시장 트렌드로 변모
- 송도·영종도 단독주택 주목하라

신도시에 조성되는 단독주택 용지는 점포 겸용과 일반 단독주택 용지로 구분된다. 점포가 1층에 배치되는 형태를 흔히 상가주택이라 부른다. 보통 점포 겸용 주택과 단독주택 용지가 따로 조성되기 때문에 상가주택 단지에는 상권이 형성되고 단독주택 단지에는 일반 주택가가 들어서는 것이다.

지난 몇 년 동안 상가주택이 참 많은 인기를 누렸다. 3층짜리 아담한 건물을 짓고 꼭대기 층에서는 가족과 살면서 1층 상가와 나머지 주거 공간에서 임대료를 받아 폼 나게 노후를 보내는 삶을 꿈꾸는 사람이 많았다. 이들이 발품을 팔아 점포 주택 용지를 찾아 다

넜다. 덕분에 판교, 광교신도시, 세종시 등지에 위치한 점포겸용주택의 몸값이 가파르게 올랐다.

주거할 수 있으면서 월세 수입을 동시에 얻을 수 있어서 '상가주택 하나 있으면 노후 걱정은 끝이다'라는 인식마저 퍼졌다. 그래서 주거 환경, 입지가 좋은 상가주택지(점포 겸용 택지)의 청약 경쟁률이 수천 대 1까지 치솟았고 서판교에서는 상가주택 시세가 20억 원 선을 넘어설 정도로 상승했다.

그런데 이 점을 꼭 기억해야 한다. 상가주택이 진정한 수익형 부동산이라면 용지 입찰에서 계약금만 넣고 당첨되면 곧바로 팔아 시세 차익을 얻는 현재의 거래 구조는 잘못된 것이다. 1~3층까지는 상가나 원·투룸 임대를 주고 4층은 본인이 거주하면서 연 4퍼센트 이상의 수익률을 확보해야 한다. 하지만 현실은 대부분 그렇지 못하다.

서초구에 거주하던 B씨(49세, 남)는 2010년 서판교 운중천 카페거리의 3층 상가주택을 21억3000만 원에 매입했다. 당시 상권이 형성되면서 프랜차이즈 커피전문점이 인근에 많이 입점했고 입소문이 나면서 외부에서 찾아오는 방문객이 늘어나고 있었다. 1층에서 550만 원, 2층의 투룸에서 각각 70만 원씩 140만 원의 월세를 받아 초기 임대수익률은 연 3.9퍼센트였다. 아주 만족스러운 수준은 아니지만 3층에 본인이 거주하고 시중은행 예금 금리보다 높은 안정적인 임대 수입을 얻는다는 면에서 B씨는 당시만 해도 나쁘지 않은 선택이라 여겼다.

상가주택 수익률 기대 못미쳤다

하지만 우후죽순처럼 커피전문점이 들어서면서 상황이 달라졌다. 게다가 수도권 곳곳에 카페거리가 생겨나며 판교 운중동 상권의 희소가치가 떨어지기 시작했다. 접근 수요는 떨어졌고 상당수의 점포가 손바뀜이 발생하거나 철수하면서 공실이 늘어났다.

B씨가 소유하는 건물 1층에는 개인이 운영하는 고급 커피숍이 입점해 있었는데 7개월 만에 다른 사람에게 넘겼고 이어 받은 점주역시 1년 만에 폐업했다. 급기야 공실이 발생해 B씨는 점포 임대료를 400만 원으로 낮추고 나서야 겨우 새 임차인과 계약할 수 있었다. 초기 임대료 시세에서 100만 원 넘게 하락한 것이다. 주변 상가의 상황도 비슷했다.

이와 같이 상가주택 시장은 수익형 부동산 시장이라 하기에는 상권 환경이나 점포 수익률이 그리 뛰어난 편이 아니다. 오히려 매매 시세만 올라서 막차를 타다가 저수익률로 손해를 보는 일이 빈번해졌다.

반면 일반(주거 전용) 단독주택 시장은 어떨까? 상가주택 형태가 인기를 얻자 신도시마다 점포 겸용 주택지의 공급은 늘린 반면 단독주택 용지는 풍부히 공급하지 않았다. 단독주택 용지는 대개 처음에 65~80평 안팎의 면적을 평당 500~700만 원 선에 추첨 방식으로 공급하는데 이 때문에 3억~6억 원가량의 토지 비용이 들어간다. 여기에 3층짜리를 짓는다면 3.3제곱미터당 400만~500만 원의 건축비가 투여되므로 5억 원 이상이 들어간다. 때문에 고덕신도시, 미사신도시, 동탄2신도시에 단독주택 하나를 품으려면 적어도 10억 이상이 있어야 한다.

신도시 단독주택 시장의 지평을 연 것으로 평가받는 판교에는 20억~30억 원짜리 단독주택이 즐비하게 들어서 있다. 지금은 판교가 부촌으로 꼽히지만 처음부터 인기가 좋았던 건 아니었다. 판교 단독 택지는 약 2000개가량 개별 필지로 구성됐는데 지난 2006년부터 순차적으로 공급됐다. 당시만 하더라도 공급가격은 3.3제곱미터당 800만 원 수준이었으나 공급가에 거품이 끼었을 것이라는 대중의 인식이 지배적이었던 탓에 미분양이 속출했었다. 필지도 1필지당 7억~8억 원 수준이었는데 이는 당시 판교 아파트 한 채를 분양받을 수 있는 금액이어서 선뜻 투자하기 힘든 분위기였다. 투자 대상이 서판교에 몰려 있다는 점도 투자 가치를 상대적으로 저평가하게 만든 요인이었다. 투자 환경요건을 잘 갖췄음에도 불구하고 아파트와 운중동 타운하우스 밀집 지역 외에는 크게 주목받지 못했다.

하지만 부동산 경기가 되살아나면서 서판교 일대는 상황이 180도 뒤집혔다. 고급 주택 수가 늘어나기 시작하면서 대기업 임원이나 전문직 종사자가 몰려들었다. 가장 큰 이유로 원주민과 협의양도인 우선공급을 꼽을 수 있다. 주거환경 역시 녹지 비율이 높은데다 판교공원, 운중천 등이 위치해 있어 쾌적하고 조용함을 선호하는 추세와 맞아떨어졌다. 분당 생활권을 그대로 유지할 수 있다는 점도 부유층을 끌어들이는 데 한몫했다. 한때 판교역 인근 고급 주상복합 아파트인 '알파리움'은 평균 26대 1로 전 주택형 1순위로 마감된 바 있다.

신흥 부촌으로 떠오른 서판교

이것은 개인적인 라이프스타일을 추구하고 쾌적한 환경을 중시하는 수요가 몰리면서 신흥 부촌으로 입지를 굳히는 데 성공했다는 뜻이다. 높은 외벽에 둘러싸여 있지만 그 안에는 탁 트인 정원과 색색의 벽돌, 금속, 목재, 콘크리트 등 다양한 고급 마감재가 사용된 큼직한 주택이 위치해 있다. 중소기업 대표, 대기업 임원은 물론 의사, 변호사 등 고소득 전문직과 연예인, 스포츠 스타들이 상당수 살고 있다.

서판교에서도 인지도가 높은 E4~E6 블록의 단독주택 월세 시세는 방 3개, 화장실 2개(99~132제곱미터) 기준으로 보증금 1억~2억 원/임대료 400만~500만 원을 호가한다. 강남권의 중소형 면적 고급 빌라와 맞먹는 수준이다. 더 나아가 보증금 5억 원/월세 500만 원짜리 '슈퍼반전세'나 '통전세 10억 원' 등 강남권이 아닌 곳에서는 미처 들어보지 못한 금액의 전월세 매물이 나온다.

　판교가 대박난 이후 광교, 파주운정, 김포한강, 위례, 세종시 등에서 인기가 이어졌고 최근 동탄2신도시와 고덕국제신도시에

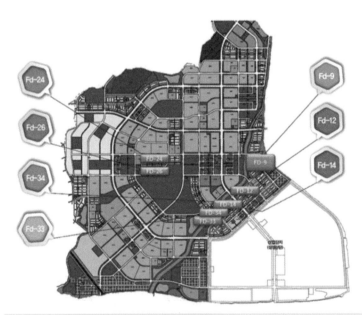

평택 고덕국제신도시 주거전용 단독주택용지 계획도 (우측 아래가 삼성 산업단지다)

도 상당 물량이 공급되었다. 대개 신청 자격은 공고일 현재 경기도에 주민등록을 둔 세대주가 1순위이고, 2순위는 지역이나 세대주 여부와 관계없이 신청할 수 있다. 보유 주택과 상가 소유와도 무관하다. 각종 규제 탓에 진입 장벽이 높은 아파트와 달리 청약 제한이 복잡하지 않고 이미 건축된 주택을 매입하는 것도 비교적 수월하다.

이렇게 신도시마다 우후죽순 들어선 단독주택 중 앞으로 판교에 대항할 만한 곳이 있을까? 고덕이나 동탄2는 수도권 남부 대형 신도시라는 조건은 괜찮지만 주거 환경이나 배후, 자족 기능이 단독주택 수요를 다 끌어들일 수준인지 신중이 고려해야 한다. 테크노밸리, 산업 단지 거주자가 10억 원 넘는 단독주택을 마구 살 수 있는 소득 수준이 되기란 힘들기 때문이다. 따라서 투자 목적으로 외부에서 유입되는 수요와 자체 수요가 충분한지가 관건이다.

앞으로는 단독주택지도 차별화된 호재가 있어야 성공할 수 있다. 이를테면 앞으로 송도국제신도시 11공구에 들어설 단독주택은 워터프론트를 둘러싼 곳에 2차선 도로 양쪽으로 호화 주택이 늘어선 섬 안의 도시로 계획돼 있다. 집과 호수가 붙어 있기 때문에 집에서 바로 요트를 타고 여가를 즐길 수 있다. 국내에 이런 주택은 사실상 전무하다.

외국인 단지·복합리조트 주변 고급 주택 주목하라

꼭 이미 계획된 신도시에 LH가 공급하는 단독주택만 눈여겨보지 않아도 된다. 영종도에는 미국 교포나 중국인을 대상으로 외국인 타운을 조성하는 단지가 많고 마리나 해수욕장 인근에 전원주택 용지도 많다. 많은 미국 교포와 중국인, 내국인 투자자가 50~100평짜리 전원 단독주택 용지를 사들이면서 거래가 활발하다. 특히 복합리조트인 미단시티 인근 단독주택을 주목하라.

서판교가 금토산 산자락을 끼고 있는 조용하고 쾌적한 자연 환경을 갖췄기에 성공했듯이 송도나 영종도는 바다 조망과 해양 레저를 즐길 수 있는 외국식 전원 단지로서 강점이 있다. 앞으로 한국인의 생활 패턴과 니즈가 추구하는 방향이 이쪽이기에 수요가 폭발적으로 늘어날 가능성이 높고 외국인의 유입도 기대된다.

최근 부동산 시장의 분위기는 '투자'에서 '삶의 질을 추구'하는 쪽으로 변하고 있다. 과거에는 도심 지역 아파트를 선호하는 수요자가 대부분이었다면 이젠 도심과 가까우면서 독립되고 조용한 전원주택을 선호하는 사람이 많이 늘어났다. 주택을 투자의 관점에서 보기보다 실거주의 대상으로 보는 투자 패턴 변화는 즐기며 살아가자는 기본적 욕구와 궤를 같이 한다. 30~40대가 아파트보다 이런 단독주택 시장으로 몰릴 날이 멀지 않았다.

중국인이 투자하는 곳에
투자하라

• 중국인이 눈독 들이는 지역 부동산은 무조건 뛴다!
• 제주에 이어 중국인이 접수할 지역은 어디일까?

사드 배치 후폭풍으로 중국의 경제 보복이 현실화되면서 중국 인의 한국 방문 및 투자가 한동안 크게 감소한 것으로 알려지고 있다. 그런데 중국인 단체 관광객이 최근 서서히 느는 걸 보면 다시 한국의 부동산 시장에 본격적으로 발을 들일 가능성이 높아지고 있는 것 같다.

중국인의 외국 부동산에 대한 관심은 상상하는 것 이상의 폭발 력을 가지고 있다. 미국, 호주를 비롯한 세계 곳곳의 주요 도시에 위치한 주택과 상가, 빌딩에 중국인의 손이 뻗치면서 부동산 폭등 현상이 일어나고 중국인 타운이 확장 중인 것을 보면 쉽게 알 수 있다. 로스앤젤레스 코리아타운이나 뉴욕 플러싱을 가보면 한인 거리나 주거 지역 상당 부분이 중국인 밀집 지역으로 바뀐 것을 목격한다.

2016년, 인천 송도국제신도시 5·7 공구에 위치한 신규 아파트 홍보관에 한 중국인이 방문했다. 주변에 대학교가 있고 지하철이 가깝다는 점에 메리트를 느낀 그는 현금으로 4억3000여만 원을 납부해 34평 아파트를 분양받았다. 중국 광저우에 살고 있는 한족인 그는 이후 지인들과 함께 다시 송도신도시를 방문했다. 결국 그의 친구들과 친족 등 그를 따라온 11명이 모두 이 아파트를 분양받는데 외국인에게는 집단 대출이 불가능하기 때문에 모두 100퍼센트 현금으로 납부하는 조건으로 계약했다.

청라신도시에 사는 J씨(30대, 남)는 상해에서 패션·미용 관련 사업을 하고 있다. 평소 사업 감각이 뛰어난 그는 상해의 유력 인사나 부유층과 자주 어울린다. 최근 영종도와 송도신도시에 공급되는 아파트, 오피스텔, 호텔 등 부동산에 관심이 많던 그는 상해의 지인들에게 영종도와 송도 부동산을 꾸준히 소개해 주고 있다. 근래에는 영종도 국제업무지구 인근의 3만3000제곱미터짜리 호텔 부지를 상해에서 의료 관련 일을 하는 지인들에게 소개해주고 계약을 성사시키기도 했다.

잘 알려진 것처럼 제주도는 법무부에서 지정한 시설에 일정 금액 이상을 투자하면 5년 후에 영주권(F-5)을 주는 '부동산 투자 이민제'를 실시했는데 2013~2014년에만 1175건이 성사되는 등 2010년부터 1630건, 1조1000억 원가량의 실적을 달성했다. 이 중 98퍼센트가 중국인이었다. 투자이민과 무관하게 토지, 빌딩 등 제주 부동산에 투자했을 것으로 추정되는 금액까지 포함하면 실로 막대한 투자가 이뤄졌음이 짐작된다.

지역은 까다롭게 보지만 부동산 유형에는 개의치 않는다

2016년까지 중국인이 국내 부동산에 투자하면서 보여준 성향을 분석해보면 일단 부동산의 유형에 크게 개의치 않음을 알 수 있다. 아파트는 물론이고 상가, 오피스텔 같은 수익형 부동산이나 토지, 숙박시설, 타운하우스에도 거침없이 투자했다.

중국인이 한국 부동산 투자에 관심을 갖는 이유는 뭘까? 우선 바다 하나를 사이에 두고 있어 쉽게 오갈 수 있다는 점을 들 수 있다. 또 수도권에 크고 작은 중국인 주거 지역이 형성돼 있다는 점도 이유에 들어간다. 국내 부동산에 투자하는 중국인의 절반 정도는 한족이지만 나머지는 조선족이다. 조선족은 대체로 한국 부동산을 긍정적으로 본다.

중국은 개인이 부동산을 매입하면 주택은 70년, 상업용지는 50

년간 임대권을 주지만 영구적인 개인 소유는 금지하고 있다. 반면 한국 부동산은 완전한 소유권을 인정받기 때문에 사고파는 것이 자유롭고 자녀에게 물려줄 수도 있어서 투자와 자산 증식 수단으로 훨씬 유리하다. 자녀 교육 측면에서도 수도권 주요 대학 및 캠퍼스 인근에 직접 거주하며 학교를 다닐 수 있다는 장점이 있다.

또한 고급 주택이나 세컨드 하우스에 대한 수요도 늘어나고 있다. 제주 지역의 바다가 조망 가능한 부지는 지난 5년간 수십 배나 시세가 상승했다. 별장이나 숙박시설을 지으려는 수요가 늘어났기 때문인데 가격 상승을 부채질한 것은 중국인들의 적극적인 매입 의사였다. 제주가 한 물 갔다고들 하지만 2018년 들어서도 전국 시도 중에 땅값이 가장 많이 오른 곳이 세종시였고 두 번째가 제주였다.

중국인은 부동산 투자 고수들이다

그렇다고 중국인이 외국 부동산이라면 무조건 마구잡이식으로 사들이기에 나선다고 단정 지으면 안 된다. 중국인이 부동산을 보는 눈은 생각보다 정확하고 예리하다. 이유 없이 무턱대고 투자하지 않는다는 얘기다.

중국인들은 대학교 인근 부동산을 좋아한다. 홍대, 이대, 연대가 몰려 있는 마포구와 서대문구 그리고 건대 주변과 연세대 캠퍼스가 있는 송도신도시를 선호하는 이유다. 이곳에 투자한 중국인의 얘기를 들어보면 현재 중국 주요 도심에서 가장 부동산 가격이 많이 오르는 곳이 바로 대학 주변이라고 한다.

또 이들은 자연 환경과 경관이 좋은 지역을 선호한다. 하지만 동시에 개발 호재가 있어서 장기적으로 가치가 상승할 수 있는 곳이어야 한다. 환경이 뛰어나지만 제주에는 투자가 몰리고 강원도나 인천경제자유구역에는 상대적으로 투자가 적었던 이유가 제주 지역 부동산 상승을 미리 정확히 예측했기 때문이다.

앞서 얘기했지만 한국이든 외국이든 중국인이 몰려든 지역은 어김없이 부동산 가격이 크게 오르는 경향을 보인다. 중국인에 대한 호불호와 별개로 중국인이 투자하는 지역을 눈여겨봐두면 향후 투자 전략을 세우는 데 중요한 부분을 차지할 것이다. 6년 전에 중국인이 제주 지역 부동산을 서서히 사들일 당시 제주 동쪽 해안가의 330~660제곱미터짜리 땅을 하나 사뒀다고 생각해보자. 2016년에 팔았다면 적어도 10배 이상의 차익을 거뒀을 것이다.

영종도 카지노 일대와 송도신도시 11공구에 투자하라

향후 중국인이 집중 투자할 지역 중 대표적인 곳이 **영종도와 송**

도신도시다. 인천공항과 가까운 이 두 곳은 개발 호재가 많기 때문에 중국인의 구미에 맞는 상품만 개발되면 순식간에 분위기가 달아오를 가능성이 높다. 영종도는 카지노 주변 상가와 숙박시설, 송도는 아파트와 11공구에 공급되는 단독주택, 타운하우스를 눈여겨보라.

이미 영종 파라다이스시티 카지노가 개장한 데 이어 인스파이어 카지노는 2020년 완공될 예정이다. 미단시티 카지노도 2017년 하반기에 착공했다. 카지노 인근 상업 시설이나 분양형 호텔의 가치가 높아질 것은 자명한 일이다. 이 중 미단시티는 주변에 오피스텔과 단독 주택 용지도 투자가 가능한 상태기 때문에 시세 차익과 임대 수익을 동시에 노려볼 수 있다.

송도신도시는 지금까지 아파트 일변도의 주택 공급이 이어져 왔다. 이제는 11공구를 중심으로 워터프론트와 요트 정박이 가능한 초고가형 주택도 공급되기 시작했는데, 내국인뿐 아니라 중국인 부호들을 대상으로 집중 공략이 이뤄질 것이다. 그보다 가격대가 낮은 타운하우스와 2층짜리 단독 주택도 인천 지역에서 최고 수준의 시세에 공급될 것이다. 이 일대는 모두 중국인의 대규모 투자가 예상되기 때문에 지금부터 눈여겨볼 필요가 있다.

해외 부동산,
투자할 곳과 피해야 할 곳

- 미국 부동산 투자 전망은 여전히 밝다
- 간접 투자 상품 신중히 선택하라

해외 부동산 투자 시장에서는 과거 떳다방처럼 바람몰이식 투자가 아직 성행하고 있다. 2016~2017년에는 베트남, 말레이시아, 필리핀 부동산 투자가 인기를 누렸다. 한때 미국 이민 열풍이 불면서 캘리포니아 일대 부동산을 한국인이 많이 사들인 일도 있었다. 실물 부동산뿐 아니라 해외 간접 투자 상품도 인기를 끌었는데 2017년 6월에 미래에셋 금융그룹이 사전 판매를 시작한 '미래에셋맵스 미국부동산 공모펀드11호'가 일주일 만에 완판되기도 했다.

우리나라 투자자들이 가장 많이 찾는 곳은 역시 미국이다. 과거처럼 대규모 인파가 몰려가서 단체 투자하는 일은 없지만 가족 이민이나 은퇴 후를 대비해 주택을 사들이는 수요가 미국 전역에 많다는 것을 알 수 있다.

미국 부동산은 투자와 노후 플랜을 동시에 충족시킬 수 있는 방안이다. 미국의 부동산 가격은 2013년 이후 상승일로에 있다. 서브프라임 모기지 사태의 여파에서 벗어나 본래의 가격을 회복하는 과정이 이어지는 상황이다. 2008년 미국 금융 위기 이후 2012년경까지 전체적으로 미국 부동산 경기는 하향세에 있었다.

멈출 줄 모르는 미국 주택 시장 호황

2012년 이후 미국 부동산 시장 동향을 평가하는 지수인 주택 판매 지수와 케이스-쉴러 지수는 꾸준히 큰 폭으로 상승했다. 주요 도시의 부동산 가격, 특히 집값이 상승한 것은 물론 주택 수요와 함께 렌트 수요까지 늘어났다. 임대용 부동산이 활성화됐음을 알 수 있다. LA만 하더라도 최근 5년 사이에 렌트비가 약 40퍼센트포인트 상승한 상황이고 그마저도 매물이 부족하다. 샌프란시스코도 마찬가지다.

미국은 현재 낮은 실업률과 임금 상승 덕분에 자체적인 주택 시장 수요가 건실하게 떠받치는 모습이고 모기지 금리 상승 이후에도 이 기세는 꺾이지 않고 있다. 날로 높아져가는 렌트비 역시 주택 구입을 촉진하는 역할을 한다. 2012년 이후부터 미국 주택 시장 반등은 경기 회복의 청신호 역할을 하면서 증시 반등에도 영향을 준다는 점이 입증된 바 있다.

미국 부동산 상승의 견인차 역할을 하는 또 하나의 요인이 있다. 중국 내 한 매체의 보도에 따르면, 2016년 한 해 동안 중국인이 구매한 미국 부동산은 3만 건에 달해 이를 금액으로 환산하면 무려 300억 달러(약 34조 원)에 육박한다고 한다. 참고로 한국인이 2014년 한 해 동안 미국 부동산 매입에 투자한 돈은 총 1조 원 남짓이었다(물론 이것도 역대 최고치였다). 전미부동산중개인협회(NAR) 통계에 따르면 2015년 기준 캘리포니아 주 오렌지카운티와 샌프란시스코 지역 부동산 구매자의 약 30퍼센트가 중국인이었다.

이처럼 미국 부동산 가격이 2012~2014년 사이에 큰 폭으로 올랐고 2016~2017년에도 상승폭만 줄었을 뿐 꾸준히 오름세를 타고 있기 때문에 한국을 비롯한 주요 국가의 사모펀드, 금융파생상품 등 간접 투자도 활기를 띠고 있고 기업들이 뉴욕 등 주요 도심의 빌딩을 사들이는 빈도 역시 늘어나고 있다.

2010년 이후 미국 투자 이민 시장 역시 확장 일로를 걷고 있다. 미국 투자이민은 일정 금액 이상을 투자해 일자리를 창출하는 외국인에게 영주권을 부여하는 제도다. 학력, 경력, 영어, 나이 등 별도의 자격제한이 없고 50만 달러 혹은 100만 달러를 투자하는 것만으로 신청자와 배우자, 21세 미만 자녀의 영주권을 취득할 수 있으며 일반적으로 5년이 지나면 투자 원금을 환급받을 수 있다.

미국에 투자함으로써 손쉽게 영주권을 취득할 수 있다는 점과 미국 투자의 안전성이 부각되면서 2010년에 총 1953건에 불과했던 투자이민 신청이 2015년에는 총 1만4373건으로 크게 증가했다. 2016년에는 260명의 한국인이 투자이민제를 통해 미국 영주권을 취득했다.

다만 미국 현지에서 활동 중인 이민법 변호사의 말을 빌리자면, 최근 투자 이민 관련 프로젝트 중 상당수가 기준 인원을 모으지 못해 사업 일정이 지연되는 일을 겪는다고 한다. 따라서 미국 실정에 어둡다면 생소한 사업체에 덥석 투자하는 일은 당분간 피하라고 그들은 말한다.

E2 비자 역시 도시마다, 지역마다 편차가 있겠지만 충분한 사전 검토가 필요하다. 한국인들이 주로 운영하고자 하는 식당이나 세탁소는 최근 포화 상태이거나 높은 임대료를 내야 하는 문제에 직면해 있다. 저가 휴대폰 대리점 등 한때 각광받던 업종 역시 일정 기간이 지나 매출이 뚝 떨어지며 애물단지로 변하는 사례가 적지 않은 것으로 알려지고 있다. 현지 이민법 변호사는 최근 캘리포니아 지역에서 적은 투자비용으로 창업할 수 있는 외식 관련 프랜차이즈를 눈여겨볼 것을 권하는 추세다.

미국 주요 도시의 집값은 계속 오를 것이다. 2016~2017년에 비해 2018~2019년 이후의 상승폭이 더 커질 가능성도 있다. 거품 우려는 몇 년 전부터 나온 얘기다. 요즘 LA 한인타운에서는 2~3년 전만 해도 50만~60만 달러면 살 수 있던 주택을 100만 달러는 줘야 살 수 있다. 사실상 미국 어느 대도시든지 매물이 귀하고 빠르게 소진되고 있다. 덴버와 댈러스의 주택가격지수는 금융위기 전 최고치보다 40퍼센트 이상 높은 수준(2007년 6월 대비)이다. 포틀랜드와 시애틀은 종전 최고치보다 20퍼센트, 보스턴·샌프란시스코 등은 10퍼센트가량 높은 수준을 기록하고 있다.

미국 주택 시장이 이처럼 활황세지만 이런 현상을 만들어 내는 요인은 대부분 정상적인 것임을 잊지 않도록 하자. 우선 주요 도시의 임대 수요가 넘쳐나고 있다. 미국의 주택 소유자들은 주택 임대로 높은 수익을 거두고 있다. 신용 점수가 낮아 주택 대출 승인을 받기 어렵거나 저축이 부족해 10~20퍼센트가량 하는 다운페이먼트(선지급금) 기준조차 충족시킬 수 없는 젊은 세대가 임대로 눈을 돌리면서 주택은 임대인에게 안정적인 수익원이 되었다. 수익률이 높아지면 해당 부동산의 가격이 높아지는 것은 당연하다.

또 미국은 한국과 달리 주택 공급이 원활하지 않다. 단기간에 많은 가구수를 공급할 수 없다. 또한 낮은 주택담보대출 이자율도 한몫한다. 주택 가격이 급속히 오를 때는 지금 집을 사지 않으면 결국 집을 살 수 없게 된다는 불안 심리가 작용하므로 더욱더 거래가 촉진된다.

미국 국토안보부에 따르면 미국 대학의 외국인 학생 수는 약 113만 명인데 이 중 약 8만7000명가량이 한국 학생이다. 한국인이 많이 거주하는 로스앤젤레스의 월 렌트비는 평균 1000~2000달러 수준(2베드 유닛 기준)으로 소득 대비 렌트비 비중이 상당히 높다. 만약 미국 사립대학에 자녀를 유학 보내려면 학비, 각종 수수료, 기숙사 및 식당비 등 학교에서 나오는 고지서만 해도 한해에 평균 5만 달러 정도를 지출해야 한다. 또한 한국과 달리 만만치 않은 책값이 비용으로 들어간다. 여기에 기숙사가 아닌 주택을 임차해서 살려면 생활비 및 아파트 임대비가 더 들어간다.

이런 이유에서 도심에 있는 베드룸이 세 개인 콘도(30만~100만 달러, 지역에 따라 편차 심함)를 구입해 룸 한 개는 본인의 자녀가 쓰고 나머지 두 개는 룸당 두 명씩 학생들에게 렌트를 주면서 이 수입으로 론, 페이먼트(대출금), 관리비, 재산세 등을 내고 나머지로 생활비 일부를 해결하는 상품이 꾸준히 인기를 얻고 있다.

100만 달러 이상을 투자할 여력이 되는 사람은 가족 전체가 동시에 영주권을 취득할 수 있는 EB-5비자를 선호한다. 주택을 포함한 마켓이나 주유소를 하나 또는 그 이상 매입하고 10명 이상의 미국인을 고용하는 것인데, 시애틀이나 애틀랜타 지역에 이런 식으로 이민에 성공한 사람이 많이 살고 있다.

매년 미국 영주권을 취득하는 한국인은 500명 이상이다. 영주권을 얻으면 자녀를 공립학교에 보낼 수 있으므로 연간 2000만~3000만 원에 달하는 수업료를 절약하는 효과가 있다. 대학 진학 이후에도 학비 절감 및 장학금 혜택을 받을 수 있다. 또한, 미국 영주권자는 미국 시민과 동등한 조건으로 취업과 경제 활동이 가능하고, 졸업 후 비자 문제에서도 자유롭다. 아울러 미국인을 우선 선발하는 의학, 법학 등 일부 전공도 선택할 수 있으며, 합법적으로 병역 연기도 가능해 장기간 학업과 취업을 지속할 수 있다.

이와 같은 투자 이민이 원활한 이유는 첫째 외국인을 위한 융자 프로그램들이 개발돼 있어 40~50퍼센트 정도만 현금을 부담하면 나머지는 낮은 이율로 미국 금융기관에서 융자해주기 때문이고, 둘째 현재 미국의 부동산 가격이 저렴해 적은 융자금에 대한 월 페이먼트를 할 수 있고, 셋째 현 이자율이 여전히 낮은 수준인 반면 상대적으로 렌트비는 올라가는 상황이라서 임대 수익률이 높아질 가능성이 있기 때문이다.

시장 왜곡과 거품 우려 없어 안전

아울러 미국의 부동산 매매는 주 부동산국(DRE, Department of

Real Estate)의 철저한 관리감독하에 이루어지며 사후 문제가 발생할 만한 부분은 각종 보험에 가입하도록 해서 보험회사에서 이를 보상해주는 시스템이 돼 있다. 대개 에스크로회사, 타이틀회사, 변호사, 금융기관이 협업하므로 거래 사고의 가능성이 한국에 비해 매우 낮다.

미국 부동산이 역사상 가장 과열됐던 시기가 2005~2006년이라고 한다. 인플레이션 등을 감안하면 지금의 미국 집값은 당시 수준에 아직 못 미치고 있다. 가계 부채 비율이 지나치게 높아지거나 소득 대비 주택 대출 상환 비중이 너무 높다면 모르지만 지금 미국 부동산 상승에는 그럼 위험성이 별로 없다고 봐야 한다. 앞으로 적어도 2~3년은 미국 부동산의 전성시대가 편안히 유지될 것으로 볼 수 있다.

최근 베트남, 인도네시아, 미얀마, 말레이시아 부동산 투자 상품 개발이 호황을 누리고 있다. 국내 유수의 건설 회사와 손잡고 고급 아파트나 호텔, 리조트를 지어 분양하는 것이다. 이 중 베트남은 빠른 경제 성장 속도(2014년부터 연 6퍼센트 이상 성장률 기록 중)와 외국 투자의 증가가 호재로 작용했다. 거기다가 급격한 도시화로 부동산 개발 이익이 매우 커졌다. 자국인을 포함해 중국인 등 근로자의 유입이 늘면서 소형 임대 목적의 주택 수요가 많고 임대 수익

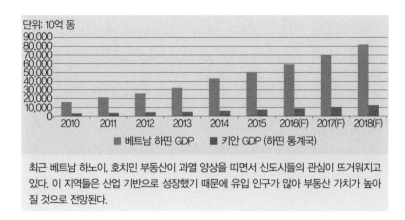

단위: 10억 동

| | 베트남 하띤 GDP | 키안 GDP (하띤 통계국) |

최근 베트남 하노이, 호치민 부동산이 과열 양상을 띠면서 신도시들의 관심이 뜨거워지고 있다. 이 지역들은 산업 기반으로 성장했기 때문에 유입 인구가 많아 부동산 가치가 높아질 것으로 전망된다.

률이 높다는 점이 장점이다. 최근 직접적인 실물 투자와 더불어 펀드 같은 간접 투자 상품이 상당수 국내에 소개되고 있다.

베트남에서 주목받고 있는 투자 지역은 베트남의 양대 도시로 꼽히는 하노이와 호치민, 관광지로 인기가 높은 다낭, 신도시 개념으로 볼 수 있는 하띤 등이다. 주로 대형 오피스와 마트 등을 지을 수 있는 복합 개발 용지와 이미 준공된 고급 공동 주택, 오피스 빌딩 등이 인기다. 베트남 최대 투자국 중 하나인 우리나라의 포스코, 롯데 등 대기업과 미래에셋 등 자산운용사와 증권사, 한국토지신탁 등 대형 신탁 회사들이 직간접적으로 베트남의 부동산 개발 및 시공, 간접 투자 상품 개발에 참여했고 우미건설 등 중견 건설사들도 앞 다퉈 베트남 부동산 사업에 뛰어들고 있다.

베트남은 외국인의 부동산 취득이 어려운 국가다. 하지만 2015

년 7월 베트남 정부가 '주택법 및 부동산 사업법'을 변경해 정식으로 입국이 허가된 모든 외국인이라면 주택을 구매할 수 있도록 문호를 개방하면서 부동산 시장이 폭발적으로 성장하는 배경이 됐다. 도심 지역에 아파트는 꽤 많이 공급됐지만 공단, 산단 등 근로자가 많이 사는 지역에는 중저가 주택이 부족하다. 상가와 오피스가 아직 부족한 베트남은 투자용 부동산 투자처로 한동안 인기를 누릴 것으로 전망된다.

베트남에는 5000만~1억 원선에서 투자할 수 있는 아파트도 있다. 하지만 호치민 중심가 등 업무 지역 일대는 5억~7억 원선에 시세가 형성돼 있기도 하다. 1200~1500달러의 임대료 시세가 형성되어 있는 호치민, 하노이 중심가도 때에 따라 공실과 수익률 하락이 있을 수 있다. 결국 본인이 사용할 수 있는 투자액과 현지 공실률, 임차 수요를 면밀히 따져봐야 한다. 안정성이나 편리성을 감안해 주식형 부동산 공모펀드를 알아보는 것도 좋은 방법이다.

소액으로 투자 가능한 지방 주택 시장은 소형 아파트와 호텔형 숙박시설이 유망한데 대개 대규모 공장 단지가 들어서 있는 신도시에 조성된다. 이런 곳은 보통 2층짜리 집단 거주 주택이 많은데 가구 등이 제대로 갖춰지지 않은 한국의 노동자 전용 기숙사 개념이라고 보면 된다. 현지 근로자들은 이런 주택에 익숙하지만 외국인들은 1년 이상 거주할 수 있는 호텔이나 대형 빌라를 선호하기 때문에 이들을 대상으로 개발되는 주택이나 숙박 시설이 늘어나고 있다. 신규 호텔의 경우 1~2인이 거주하는 280~300제곱피트(8평 내외) 객실에서 발생하는 월 임대료는 2700만 동(약 130만 원)까지 형성되기도 한다.

베트남은 부동산을 매입한 후에는 국내 부동산과 마찬가지로 자유롭게 소유권 행사 및 담보 제공, 상속, 증여를 할 수 있도록 허용한다(이때 관할 기관의 사전 허가를 받아야 한다). 다만 외국인의 부동산 소유 기간은 50년으로 제한되고 50년 경과 후 추가 연장하도록 되어 있다.

주택이나 호텔이 아닌 토지 등에 투자할 때는 보다 면밀한 주의가 요구된다(토지 사용권 증서 발급). 호텔이나 아파트, 리조트가 들어설 땅이라며 도심에 위치한 수십 억대 땅을 국내에 소개하는 경우가 많은데 굴지의 국내 시행사나 건설사가 뛰어들어 추진하는데도 전체 프로젝트의 10퍼센트 정도만 정상적으로 착공에 들어갔음을 감안하면 위험 부담이 크다고 할 수 있다. 토지 가격 상승으로 발생하는 차익을 기대하기보다 개발 후 임대 수익을 바라봐야 하는데 인허가 절차에 많은 시간이 소요된다면 큰 문제가 될 수 있기 때문이다.

베트남·말레이시아 투자시 법제도, 세금 철저히 따져야

베트남의 부동산 개발 사업은 한국과 달리 법제도 측면에서 허술한 점이 있고 실무 관행 역시 다르거나 제대로 정비되지 못한 점이 많다는 것을 기억해야 한다. 따라서 베트남의 법제와 관할 기관의 실무 운영을 사전에 검토해야 한다.

말레이시아 부동산 투자도 부정적인 인식이 개선되면서 많이 증가한 것으로 알려져 있다. 말레이시아 부동산은 재테크 투자와 이민·유학 등으로 목적이 확실히 구분된다. 최근 말레이시아는 정부가 대규모 투자를 유치해 인프라를 확충하고 관광 산업 육성에 나서고 있어 향후 부동산 가치가 상승할 것으로 기대되며, 동시에 중국 투자자가 많이 유입되면서 가격이 가파르게 상승하고 있다.

최근 말레이시아 국제학교 조기 입학이 관심을 끌면서 MM2H 비자를 취득해 가족이 집을 사서 이주하는 수요가 늘고 있는데 최근 외국인의 부동산 투자를 규제하고 있기 때문에, 외국인에 관련한 법과 세금 제도를 잘 알아볼 필요가 있다. 전에 비해 대출 비율이 줄어들었고 일부 은행은 직접 거주하지 않은 상태에서 부동산을 취득하려 하면 MM2H 비자를 요구한다. 그리고 대사관에서 승인을 얻은 뒤 해외부동산 취득신고 절차를 거쳐야 한다.

쿠알라룸푸르 도심의 몽키아라나 KLCC같이 유명한 곳은 이미 부동산 가격이 크게 올라 추가 상승 여력(투자 가치)이 있는지를 잘 따져봐야 한다.

최근에 많은 국내 투자자가 페낭, 조호바루 등으로 눈길을 돌리고 있다. 부동산을 매입할 때 토지·건물을 함께 소유할 수 있는 프리홀드와 일정 기간 동안 소유 가능한 리즈홀드로 구분된다는 점도 유의해야 한다. 프리홀드 형태의 부동산은 외국인 개인 소유가 가능하다.

미국, 호주, 유럽의 부동산 간접 투자 상품에 투자하는 건 어떨까 한다. 펀드 등 해외 간접 상품에 투자할 때는 수익률 변동 가능성을 짚어 봐야 한다. 변동 수익률이 책정돼 있다면 부동산 변수에 따라 수익이 떨어질 수 있기 때문이다. 달러 변동 위험에도 노출될 수 있다. 또 대개 3~7년 동안 중간에 계약을 해지할 수 없으므로 자금 계획을 차질 없이 세워야 하고 예상 수익률에는 해당 부동산을 매각했을 때의 차익이 포함돼 있기 때문에 해당 도시나 지역의 부동산 시장 동향에도 관심을 가질 필요가 있다.

해당 도시·지역의 부동산 시장 상황 꼼꼼히 살펴보라

따라서 돈이 묶이는 데 따르는 기회비용 손실은 없는지, 부동산 변수에 따른 원금 손실 위험 요소는 없는지가 간접 상품 투자를 살

미국 뉴욕 맨해튼 도심에 위치한 빌딩들

펴보는 핵심이다. 펀드는 대부분 3년째에는 20퍼센트대, 5년째에는 60~90퍼센트대의 수익률을 제시하는데 이 수익률이 제대로 달성되었는지를 보여주는 지표는 아직 없다. 공모 부동산펀드의 최근 3년간 국내 부동산투자 누적 수익률은 17.7퍼센트, 해외 부동산투자 수익률은 10.3퍼센트였다는 업계의 발표가 있었는데 이에 따르면 연 수익률은 3퍼센트라는 얘기가 된다. 결국 투자의 최종 책임은 본인이 지는 것이기에 투자 금액 비중(통상 공모펀드 최소 가입 금액은 500만 원), 현지 빌딩의 임차 기간, 임차 회사의 신용도, 임대료 인상 조건, 공실률 등을 가능한 만큼 알아보는 것이 좋겠다.

주요 유럽 국가의 부동산 경기가 호황세를 유지하고 있고 미국 역시 부동산 전망이 밝은 편이기에 부동산 펀드 등은 2019년에도 더 늘어날 것으로 보인다. 금융투자협회에 따르면 부동산 펀드의 총자산 평가액은 2016년 37조 원에서 2017년 상반기에는 53조 원으로 크게 증가했다.

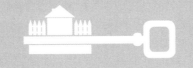

부동산/재테크/창업

장인석 지음 | 16,000원
312쪽 | 152×224mm

탐나는 부동산
어디 없나요?

이 책은 현재의 내 자금 규모로, 어떤 위치의 부동산을 언제 살 것인가에 대한 탁월한 분석을 펼쳐보여 준다. 월세탈출, 전세탈출, 무주택자탈출을 꿈꾸는, 건물주가 되고 싶고, 꼬박꼬박 월세 받으며 여유로운 노후를 보내고 싶은 사람들을 위한 확실한 부동산 투자 지침서가 되기에 충분하다. 이 책은 실질금리 마이너스 시대에 부동산 실수요자, 투자자 모두에게 현실적인 투자 원칙을 수립하는 데 유용할 뿐 아니라 실제 구매와 투자에 있어서도 참고할 정보가 많다.

나창근 지음 | 15,000원
302쪽 | 152×224mm

나의 꿈,
꼬마빌딩 건물주 되기

'조물주 위에 건물주'라는 유행어가 있듯이 건물주는 누구나 한 번은 품어보는 달콤한 꿈이다. 자금이 없으면 건물주는 영원한 꿈일까? 저자는 현재와 미래의 부동산 흐름을 읽을 줄 아는 안목과 자기 자금력에 맞춤한 전략, 꼬마빌딩을 관리할 줄 아는 노하우만 있으면 부족한 자금을 충분히 상쇄할 수 있다고 주장한다. 또한 액수별 투자전략과 빌딩 관리 노하우 그리고 건물주가 알아야 할 부동산지식을 알기 쉽게 설명한다.

박갑현 지음 | 14,500원
264쪽 | 152×224mm

월급쟁이들은 경매가 답이다
1,000만 원으로 시작해서 연금처럼 월급받는 투자 노하우

경매에 처음 도전하는 직장인의 눈높이에서 부동산 경매의 모든 것을 알기 쉽게 풀어낸다. 일상생활에서 부동산에 대한 감각을 기를 수 있는 방법에서부터 경매용어와 절차를 이해하기 쉽게 설명하며 각 과정에서 꼭 알아야 할 중요사항들을 살펴본다. 경매 종목 또한 주택, 업무용 부동산, 상가로 분류하여 각 종목별 장단점, '주택임대차보호법' 등 경매와 관련되어 파악하고 있어야 할 사항들도 꼼꼼하게 짚어준다.

나창근 지음 | 15,000원
296쪽 | 152×224mm

꼬박꼬박 월세 나오는
수익형부동산 50가지 투자비법

현재 (주)리치디엔씨 이사, (주)머니부동산연구소 대표이사로 재직하면서 [부동산TV], [MBN], [한국경제TV], [KBS] 등 방송에서 알기 쉬운 눈높이 설명으로 호평을 받은 저자는 부동산 트렌드의 변화와 흐름을 짚어주며 수익형 부동산의 종류별 특성과 투자노하우를 소개한다. 여유자금이 부족한 투자자도 전략적으로 투자할 수 있는 혜안을 얻을 수 있을 것이다.

김태희 지음 | 18,500원
412쪽 | 152×224mm

불확실성 시대에 자산을 지키는
부동산 투자학

부동산에 영향을 주는 핵심요인인 부동산 정책의 방향성, 실물경제의 움직임과 갈수록 영향력이 커지고 있는 금리의 동향에 대해 경제원론과의 접목을 시도했다. 따라서 독자들은 이 책을 읽으면서 부동산 투자에 대한 원론적인, 즉 어떤 경제여건과 부동산을 둘러싼 환경이 바뀌더라도 변치 않는 가치를 발견하게 될 것이다.

이재익 지음 | 15,000원
319쪽 | 170×224mm

바닥을 치고 오르는
부동산 투자의 비밀

이 책은 부동산 규제 완화와 함께 뉴타운사업, 균형발전촉진지구사업, 신도시 등 새롭게 재편되는 부동산시장의 모습을 하나하나 설명하고 있다. 명쾌한 논리와 예리한 진단을 통해 앞으로의 부동산시장을 전망하고 있으며 다양한 실례를 제시함으로써 이해를 높이고 있다. 이 책은 부동산 전반에 걸친 흐름에 대한 안목과 테마별 투자의 실전 노하우를 접할 수 있게 한다.

김태희, 동은주 지음
17,000원
368쪽 | 153×224mm

그래도 땅이다
불황을 꿰뚫는 답, 땅에서 찾아라

올바른 부동산투자법, 개발호재지역 투자 요령, 땅의 시세를 정확히 파악하는 법, 개발계획을 보고 읽는 방법, 국토계획 흐름을 잡고 관련 법규를 따라잡는 법, 꼭 알고 있어야 할 20가지 땅 투자 실무지식 등을 담은 책이다. 이 책의 안내를 따라 합리적인 투자를 한다면 어느새 당신도 부동산 고수로 거듭날 수 있을 것이다.

최종인 지음 | 14,500원
368쪽 | 153×224mm

춤추는 땅투자의
맥을 짚어라

이 책은 땅투자에 대한 모든 것을 담고 있다. 땅투자를 하기 전
기초를 다지는 것부터 실질적인 땅투자 노하우와 매수·매도할
타이밍에 대한 방법까지 고수가 아니라면 제안할 수 없는 정보
들을 알차게 담아두었다. 준비된 확실한 정보가 있는데 땅투자
에 적극적으로 덤비지 않을 수가 없다. 이 책에서 실질적 노하
우를 얻었다면 이제 뛰어들기만 하면 될 것이다.

주식/금융투자

북오션의 주식/금융 투자부문의 도서에서 독자들은 주식투자 입문부터 실전 전
문투자, 암호화폐 등 최신의 투자흐름까지 폭넓게 선택할 수 있습니다.

박대호 지음 | 20,000원
200쪽 | 170×224mm

고양이도 쉽게 할 수 있는
가상화폐 실전매매 차트기술

이 책은 저자의 전작인 《암호화폐 실전투자 바이블》을 더욱 심
화시킨, 중급 이상의 투자자들을 위한 본격적인 차트분석서이
다. 가상화폐의 차트의 특성을 면밀히 분석하고 독창적으로 체
계화해서 투자자에게 높은 수익률을 제공했던 이론들이 고스
란히 수록되어 있다. 이 책으로 가상화폐 투자자들은 '코인판에
맞는' 진정한 차트분석의 실제를 만나 볼 수 있다.

박대호 지음 | 20,000원
200쪽 | 170×224mm

암호화폐 실전투자 바이블
개념부터 챠트분석까지

고수익을 올리기 위한 정보취합 및 분석, 차트분석과 거래전략
을 체계적으로 설명해준다. 투자자 사이에서 족집게 과외·강
연으로 유명한 저자의 독창적인 차트분석과 다양한 실전사례
가 성공투자의 길을 안내한다. 단타투자자는 물론 중·장기투자
자에게도 나침반과 같은 책이다. 실전투자 기법에 목말라 하던
독자들에게 유용할 것이다.

최기운 지음 | 20,000원
312쪽 | 170×224mm

지금, 당장 남북 테마주에 투자하라

최초의 남북 테마주 투자 가이드북 투자는 멀리 보고 수익은 당겨오자. 이 책은 한번 이상 검증이 된 적이 있던 남북 관련 테마주들의 실체를 1차적으로 선별하여 정리해 준 최초의 가이드북이다. 이제껏 급등이 예상된 종목 앞에서도 확실한 회사소개와 투자정보가 부족해 투자를 망설이거나 불안함에 투자적기를 놓치던 많은 투자자들에게 훌륭한 참고자료가 될 것이다.

최기운 지음 | 18,000원
424쪽 | 172×245mm

10만원으로 시작하는 주식투자

4차산업혁명 시대를 선도하는 기업의 주식은 어떤 것들이 있을까? 이제 이 책을 통해 초보투자자들은 기본적이고 다양한 기술적 분석을 익히고 그것을 바탕으로 향후 성장 유망한 기업에 투자할 수 있는 밝은 눈을 가진 성공한 가치투자자가 될 수 있다. 조금 더 지름길로 가고 싶다면 저자가 친절하게 가이드 해 준 몇몇 기업을 눈여겨보아도 좋다.

최기운 지음 | 15,000원
272쪽 | 172×245mm

케.바.케로 배우는 주식
실전투자노하우

이 책은 전편 『10만원 들고 시작하는 주식투자』의 실전편으로 주식투자 때 알아야 할 일목균형표, 주가차트와 같은 그래프 분석, 가치투자를 위해 기업을 방문할 때 다리품을 파는 게 정상이라고 조언하는 흔히 '실전'이란 이름을 붙인 주식투자서와는 다르다. 주식투자자들이 가장 알고 싶어 하는 사례 67가지를 제시하여 실전투자를 가능하게 해주는 최적의 분석서이다.

곽호열 지음 | 19,000원
244쪽 | 188×254mm

초보자를 실전 고수로 만드는
주가차트 완전정복

이 책은 주식 전문 블로그 〈달공이의 주식투자 노하우〉의 운영자 곽호열이 예리한 분석력과 세심한 코치로 입문하는 사람은 물론 중급자들이 놓치기 쉬운 기술적 분석을 다양하게 선보인다. 상승이 예상되는 관심 종목 분석과 차트를 통한 매수·매도 타이밍 포착, 수익과 손실에 따른 리스크 관리 및 대응방법 등 주식시장에서 이기는 노하우와 차트기술에 대해 안내한다.